ILLUSTRATED
REFERENCE ATLAS OF JAPAN

日本がわかる

地図の絵本

監修：中西僚太郎　絵：田渕周平　文：吉田秀樹

あすなろ書房

もくじ

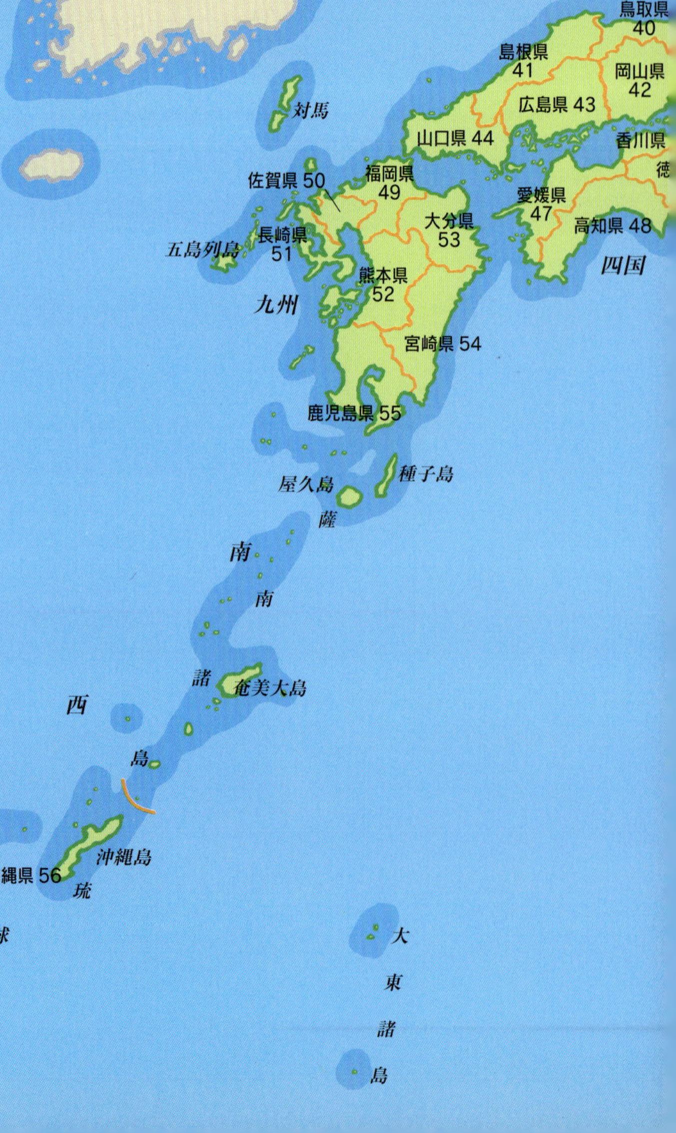

ILLUSTRATED REFERENCE ATLAS OF JAPAN

日本がわかる地図の絵本

2006年9月15日　初版発行

監修
中西僚太郎（千葉大学教育学部助教授）

絵
田渕周平

文
吉田秀樹

カバーデザイン
田辺　卓

編集
ポラーノ社

発行所
あすなろ書房
〒162-0041
東京都新宿区早稲田鶴巻町 551-4
電話　03-3203-3350（代表）

発行者
山浦真一

印刷所
佐久印刷所

製本所
エムティエス

NDC291
ISBN4-7515-2289-2

本文およびデータやトピックスに用いた数値は、農林水産省、通商産業省などの各種政府統計のほか、各県独自の推計や集計によるものを含む。県の面積は国土地理院発表の数値で、境界未画定部分を含んでいない。面積は人口や人口密度とともに、食料自給率の推計に合わせて2003年の数値とした。大都市の人口は市町村の合併があったので2006年の推計値とした。「高い山」は必ずしもその県の最高峰を意味しない。山頂は隣県にあるが山腹がその県の最高地点であるといったケースも考慮して、ふさわしい山を選んだ。「長い川」なども他県にまたがることが多く、同じような考慮をした。島の数は各県の島の定義によるもので、岩礁は含まれていない。「全国消費実態調査」による1世帯の支出額は2人以上の世帯の数値。樹木の大きさなどで「日本一」などとしたものには、一般にそういわれていても、十分に確認されているとはいえないものも含まれている。

東シナ海
尖閣諸島
与那国島
西表島
石垣島
宮古島
島
諸
島

この絵地図のきまりごと

道府県庁のある都市	
市庁のある都市	
説明に必要な地区名など	
山脈・山地 平野・盆地 半島・島など	
有名な山とその高さ	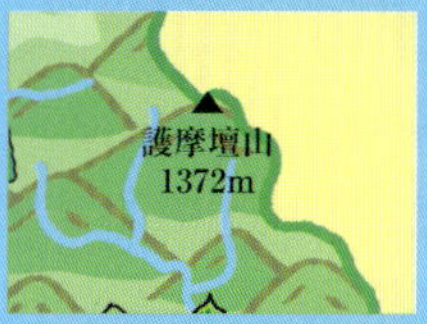
川	
湖や池 沼など	
海 海峡 湾など	
名所 旧跡 祭りなど	
産物 動植物 人物など	

北海道

北海道は国土の２割をしめる大きな島と、いくつかの小さな島から成っています。1869（明治２）年に北海道と名づけられるまではエゾ地とよばれていました。エゾとは、今はアイヌ人といわれる先住民族のことです。この人たちは大自然の中で漁や狩りをしながら、独自の文化を守ってくらしていました。

それまで日本語を話す人たちは渡島半島の一部などに住んでいるだけでしたが、明治新政府が積極的に開拓と植民を進めたので、じきにアイヌ人よりも多くなり、混血も進んでいきました。

開拓は豊かな自然の利用から始まり、ニシン、サケ、コンブなどの漁業、米、麦、ジャガイモ、木材などの農林業、ウシ、ウマなどの牧畜業、石炭や鉄鉱石などの鉱業がさかんになりました。それとともに、鉄道や道路などもつくられていきました。

炭鉱業は今ではおとろえてしまいましたが、金、銀、亜鉛、鉛などの鉱業は細ぼそと続いています。そのほか周囲の海底に炭田や天然ガス田が見つかり、日本では貴重な地下資源となっています。

農林漁業や牧畜業は今でも北海道の最も大事な産業で、日本全体の食料基地になっています。特にさかんなのは、石狩川流域の米、根室・釧路地方の乳牛や肉牛、十勝・網走地方のジャガイモ、麦、豆、富良野のニンジン、北見・富良野・岩見沢のタマネギなどです。

北海道の７割ほどは森林で、森林の７割以上が天然林です。林業の中心は、大雪山系の東に広がる山地です。人工林では、主にエゾマツ、トドマツ、スギなどの針葉樹がつくられています。天然林からは主にナラ、ブナなどの広葉樹が切り出され、輸出もされています。

ニシンはとれなくなってしまいましたが、水産・養殖業も全国１位です。イワシ、スケトウダラ、サケ、イカ、サンマ、ホッケなどの魚のほか、マグロ、カツオなどの遠洋漁業も行われています。

工業も、食品製造業が全国１位、石油工業が２位、紙パルプ工業が３位、木材木製品が４位（2002年）と、輸入にたよる石油工業以外は、主に北海道の自然が生み出す産物の上に成り立っています。

また、観光も重要な産業です。広大な花畑や牧場、雄大な山やまや湿原、そこに生きる野生の動植物、スポーツや祭に使われる雪や流氷、開拓の歴史をしのばせる西洋風の町なみやニシン御殿など、ほかの地方には見られないものがたくさんあります。

わかるかな

「やあ、元気？　これから地図の中でいっしょに日本中を旅しようよ。知らないこともたくさんあるから、ときどき質問するけど、教えてね」

「北海道の牧場はあんまり広くて、野生の動物なのか家畜なのかわからないことがあるんだ。北海道の代表的な家畜っていったら、何と何だろう？」

「野生の動物がたくさんいるから、ずいぶんいろいろな鳥にも会えるみたい。どこに行けば、どんな鳥に会えるのか教えて」

「あれ？　もういなくなってしまった動物が生きているみたいに画いてあるぞ。どれだか、わかる？」

北海道の気温は、いつも低いわけではありません。札幌では、夏に30℃近くになることもあります。しかし、旭川や帯広の冬はマイナス30℃以下になることさえあります。

渡島半島の気候は、東北地方に近くて、やや温暖です。その北の日本海側は、気節風の影響で冬は雪が多いのが特徴です。太平洋側の夏はくもりが多くてすずしく、冬は晴れて乾燥します。オホーツク海側は年間を通して雨が少なく、流氷がやって来る2月にはとても寒くなります。

こうしたきびしい冬と夏の間に、短いけれど花や紅葉でいっぱいになる春や秋がめぐってきます。

データとトピックス

面積　8万3455平方キロメートル（2003年）（1位）
高い山　大雪山旭岳（2290メートル）
長い川　石狩川（268キロメートル）
大きな湖　サロマ湖（151.9平方キロ）（3位）
人口　565.9万人（2003年）（7位）
人口密度　1平方キロメートルあたり68人（2003年）（最下位）
大きな都市　札幌市（188.3万人）（2006年）
食料自給率　192%（2003年）（1位）
最低気温記録　−41.0℃（旭川市、1902年1月25日）
年間雪日数　126日（2004年）
最も早い積雪　10月2日（旭川市、1898年）
最もおそい積雪　6月8日（網走市・根室市、1941年）
最少年間降水量記録　535ミリメートル（紋別、1984年）
小麦生産量1位　60.9%（2002年）
ソバ収穫量1位　38%（2003年）
大豆生産量1位　15.4%（2001年）
小豆生産量1位　82.2%（2001年）
生乳生産量1位　43.9%（2001年）
乳牛の頭数1位　49.8%（2002年）
ジャガイモ生産量1位　76.9%（2001年）
ダイコン生産量1位　10.7%（2001年）
タマネギ生産量1位　55.1%（2001年）
ニンジン生産量1位　27.9%（2001年）
スイートコーン生産量1位　40.7%（2001年）
カボチャ生産量1位　42.6%（2001年）
テンサイ生産量1位　100%（2004年）
インゲン生産量1位　95.9%（2002年）
コンブ生産量1位　93.7%（2001年）
サケ・マス水揚量1位　76.1%（2001年）
スケトウダラ水揚量1位　90.4%（2001年）
ホタテガイ水揚量1位　98.9%（2001年）
木材（素材）生産量1位　18%（2001年）
食料品出荷額1位　1兆8810億円（2001年）
漁業生産量1位　26.3%（2001年）
農業生産額1位　1兆457億円（2001年）
乳酸飲料の消費額1位　1世帯1か月382円（1999年）
タバコの消費額1位　1世帯1か月2392円（1999年）
最長直線道路　美唄・滝川間29.2キロメートル
最長直線鉄道区間　苫小牧・白老間28.7キロメートル
最長駅間距離　石北本線の上川・上白滝間34キロメートル
日本一低い駅　青函トンネル内の吉岡海底駅マイナス145メートル
日本一すんだ湖　摩周湖の透明度41.6メートル（1931年）
日本一きれいな川　尻別川BOD平均値0.5（2001年）
日本一きれいな湖　倶多良湖COD平均値0.6（2001年）
日本一おそい列車　観光列車ノロッコ号の最高時速30キロメートル
温泉の数1位　230か所（2003年）

青森県

青森県は奥羽山脈によって東西に分けられ、昔から東半分を南部、西半分を津軽といいます。長くきびしい冬と短い夏は共通していますが、東部は冬に雨雪が少ない太平洋岸式の気候、西部は雨雪が多い日本海式の気候です。

東部は雨雪が少ないうえ、夏にヤマセとよばれる冷たい風がふきつけるため、稲作がむずかしいところです。それをおぎなうため、野菜などの畑作、ヒバなどの林業、ウマなどの牧畜が行われました。ウマは南部馬とよばれて昔は有名でしたが、今はウシ、ブタなどが飼われています。

西部は、津軽平野を中心に米がよくとれ、リンゴ栽培もさかんです。

また津軽のヒバ林は日本三大美林の一つです。津軽、南部ともにスギ、アカマツの人工林も豊富ですが、輸入材との競争にさらされています。人工林はブナの自然林だったところが多く、その一部が世界遺産の白神山地などに残っています。

森は豊かな海を育てます。青森県は三方が海なので、80 以上の漁港があります。イカ、サバ、サンマ、イワシなどがとれるほか、サケ・マス、カレイ、ホタテの養殖がさかんです。

工業は農林水産物の加工（食品、木材など）のほか、むつ小川原地区に臨海工業地帯がつくられ、石油備蓄、核燃料生産などが行われています。

本州北端にあるため開発はおくれましたが、豊かな自然が残り、ひなびた温泉もたくさんあります。伝統的な祭、遺跡、建物なども多く、観光が大事な産業になっています。

データとトピックス

面積　9235 平方キロ㍍（2003 年）（8 位）
高い山　岩木山（津軽富士）（1625 ㍍）
長い川　馬淵川（142 キロ㍍）
大きな湖　小川原湖（62.2 平方キロ㍍）（11 位）
人口　146.2 万人（2003 年）（28 位）
人口密度　1 平方キロ㍍あたり 158 人（2003 年）（41 位）
大きな都市　青森市（31.2 万人）（2005 年）
食料自給率　84%（2003 年）（7 位）
リンゴ生産量 1 位　52.7%（2002 年）
ナガイモ出荷量 1 位　37%（2002 年）
ニンニク出荷量 1 位　75%（2002 年）
ゴボウ出荷量 1 位　19%（2002 年）
ヒバ林蓄積量 1 位　82%（2002 年）
第一次産業従事者の割合 1 位　14.2%（2000 年）
ジュース消費額 1 位　1 世帯 1 か月 1846 円（1999 年）
灯油の消費額 1 位　1 世帯 1 か月 2837 円（1999 年）
ストーブ・ヒーターの購入額 1 位　1 世帯 1 か月 1085 円（1999 年）
日本一大きな小学校 6 年生　青森県の 6 年生は身長、体重、座高とも 1 位（2002 年）
世界最長海底トンネル　青函トンネルは 53.85 キロ㍍
日本一のジャンボこけし（黒石）　高さ 197 センチ㍍、重さ 130 キロ㌘
日本一古いリンゴの木（柏村）　樹齢 126 年（2004 年）

岩手県

岩手県の気候は南北に長い帯を4つならべたようになっていて、奥羽山脈の東側、北上川などがつくる盆地帯、北上高地、太平洋沿岸部では、かなりちがいます。

奥羽山脈の東側は雪が多いのですが、盆地や沿岸部ではあまりふりません。沿岸部の北半分では春から夏にかけて海から冷たい風（ヤマセ）がふきますが、南半分は風もおだやかで、わりにあたたかです。

陸地が急に海に落ちこむリアス式海岸には宮古、釜石、大船渡など良い港が多く、昔から漁業がさかんです。沖に寒流（親潮）と暖流（黒潮）がぶつかるところがあり、たくさん魚がとれるからです。

北上高地や奥羽山脈には森が多く、木材、紙パルプ、家具の生産などに使われています。

北上川などがつくる盆地には水田が広がり、山すそではリンゴなどの果物、高原野菜がつくられ、ウシやニワトリなども飼われています。

昔の岩手県は、金や鉄などの鉱物が豊富でした。平安時代にできた平泉の金色堂、江戸時代から続く南部鉄器、明治時代にできた釜石製鉄所などは、そのなごりです。今は石灰石などの鉱山だけが残っていて、セメント工場などで利用されています。

最近は、東北新幹線や東北自動車道などが利用できるようになり、良い港もあるので、化学、機械、電機など、ほかから原材料を運んで加工する工場も進出しています。

豊かな自然が残る岩手県は、民話、民俗芸能、祭、工芸など伝統文化の宝庫です。しかし、新しいものをつくり出そうとする気持ちも強く、江戸時代に開国を主張した高野長英、初めて政党内閣の首相になった原敬、新しい和歌を始めた石川啄木、独創的な童話を書いた宮沢賢治などの先人を生んでいます。

データとトピックス

面積　1万5279平方キロメートル(2003年)(2位)
高い山　岩手山（南部富士）（2038メートル）
長い川　北上川（249キロメートル）
人口　140.2万人（2003年）（30位）
人口密度　1平方キロメートルあたり92人(2003年)(46位)
大きな都市　盛岡市（30.1万人）（2006年）
食料自給率　86%（2003年）（6位）
自然海岸率1位　82.5%（2001年）
アワビ生産量1位　21%（2001年）
オキアミ生産量1位　45%（2001年）
養殖ワカメ生産量1位　43%（2001年）
生ウルシ生産量1位　57%（2001年）
木炭生産量1位　25%（2001年）
ホップ生産量1位　192トン（2003年）
リンドウ切り花出荷量1位　66%(2001年)
魚介類の消費額1位　1世帯1か月1万3414円（1999年）
とうふの消費額1位　1世帯1か月1008円（1999年）
世界一長い陸上トンネル　東北新幹線の岩手一戸トンネルの長さ2万5808メートル
日本一深い地底湖　龍泉洞の地底湖の深さ120メートル

宮城県

宮城県の奥羽山脈地方は雪や雨が多く、これが多くの川になって仙台平野をつくり、豊かな水をもたらします。仙台平野では真冬以外0℃以下になることはあまりなく、北部（仙北）は東にある北上高地によって海風がさえぎられます。

そのため日本の代表的な稲作地帯になっていて、宮城県の米生産量は全国第５位（2004年）です。キュウリなどの野菜、イチゴやリンゴなどの果物もつくられていますが、あまりさかんとはいえません。

牡鹿半島までのびる北上高地は美しいリアス式の海岸をつくっていて、漁港がいくつもあります。その南は砂浜海岸ですが、松島湾には260以上の島があって日本三景の一つになっています。

金華山沖は寒流と暖流がぶつかる良い漁場なので、北海道に次いで漁業がさかんです。気仙沼、女川、石巻、塩竈などの漁港には、カツオ、サンマ、イサダ、マグロ、イカ、タラ、サメ、イワシなどが水あげされます。三陸地方（北上高地の東）の湾や松島湾では、ギンザケ、ワカメ、カキ、ノリ、ホヤなどの養殖もさかんです。

三陸地方はやや雨が多く、寒流である親潮の影響を受けて、夏もあまり気温が上がりません。これらの山がちな土地では、ウシ、ニワトリ、ブタなどが飼われています。

新幹線で東京から２時間ほどの仙台市は、東北地方では一番の大都市です。その周辺の内陸部には電機・電子、食品、機械などの工場があり、沿岸部には石油、鉄鋼、紙パルプなどの工場があります。

一方、奥羽山脈のふところには、多くの温泉、スキー場、こけしや和紙などの産地があります。蔵王や牡鹿では観光道路の整備も進み、首都圏などから多くの観光客がおとずれます。

データとトピックス

面積　6862平方キロｍ（2003年）（17位）
高い山　蔵王山屏風岳（1825ｍ）
長い川　北上川（249キロｍ）
人口　237.3万人（2003年）（15位）
人口密度　１平方キロｍあたり346人（2003年）（19位）
大きな都市　仙台市（102.6万人）（2006年）
食料自給率　64%（2003年）（14位）
マグロ漁獲量１位　18.2%（2002年）
カジキ漁獲量１位　29.1%、（2002年）
ギンザケ生産量１位　99.6%（2002年）
ホヤ生産量１位　78.7%（2002年）
水産ねり製品出荷額１位　19.3%（2002年）
カマボコ生産量１位　10%（2002年）
イカ塩から生産量１位　48%（2002年）
タラコ生産量１位　29%（2002年）
タラ塩蔵品生産量１位　74.7%（2002年）
冷凍水産食品出荷額１位　14.9%（2002年）
上下水道支出額１位　１世帯１か月6663円（1999年）
専修学校の授業料支出額１位　１世帯１か月1412円（1999年）
切り花購入額１位　１世帯１か月1440円（1999年）
今も残っている最も古い江戸時代の藩校（大崎）　旧有備館（古川）

秋田県

秋田県は冬に雨雪が多い日本海式気候で、快晴の日はめったにありません。十和田湖では年に156日が雪だったこともあります。この湿気は沿岸を流れる対馬暖流が運んでくるもので、冬の寒さと夏の暑さをやわらげています。

そのため、山地にはブナやスギなど見事な自然林や人工林が広がっています。秋田スギは日本三大美林の一つで、国内だけでなく海外でも高級木材として使われています。今は輸入木材を使った紙パルプ製品、合板、家具などが増えていますが、伝統的な丸太、たんす、漆器、木工品などの生産も元気です。

農業は稲作が中心で、奥羽山脈から流れ出す米代川、雄物川、子吉川がつくる能代・秋田・本荘平野、鷹巣・大館・横手盆地、八郎潟干拓地などは、水田ばかりといってもいいほどです（耕地の約9割）。この米を原料とする酒も、秋田県の重要な産物です。

漁業はさかんとはいえず、近海でホッケ、タラ、ハタハタなどがとられています。ハタハタは秋田独特のしょうゆ（しょっつる）の原料ですが、今はあまりとれなくなっています。

秋田市を中心に電機の部品や食品の製造、亜鉛の精錬なども行われています。かつてさかんだった鉱業は、石油・天然ガス、珪藻土が残っているくらいです。

農業県であるため、豊かな伝統がくらしに生きています。なまはげ、かんとう祭、かまくらなど有名な行事、温泉、スキー場なども多く、毎年たくさんの人がおとずれます。

その足は、新幹線、秋田自動車道、秋田空港などです。秋田空港には韓国ソウルとの間に定期便があり、中国やロシアとの交流も進められています。

データとトピックス

面積　1万1434平方キロメートル(2003年)(5位)
高い山　駒ヶ岳（1637メートル）
長い川　米代川（136キロメートル）
大きな湖　十和田湖(61平方キロメートル)(12位)
日本一深い湖　田沢湖（423.4メートル）
人口　116.7万人（2003年）（36位）
人口密度　1平方キロメートルあたり102人(2003年)(45位)
大きな都市　秋田市（33.3万人）（2006年）
食料自給率　167%（2003年）（2位）
スギ人工林面積1位　23万6000ヘクタール（2002年）
漆器家具生産量1位　20.8%（2000年）
木造住宅の割合1位　88%（1999年）
農家世帯の比率1位　20.2%（2000年）
砂糖の消費額1位　1世帯1か月299円（1999年）
そうざい材料セット支出額1位　1世帯1か月1244円（1999年）
理容院・美容院の数1位　10万人あたり482.4か所（2001年）
世界最大の木造建築（大館）　樹海ドーム
日本一の大太鼓（鷹巣）　直径3.8メートル
日本一広い干拓村（大潟）170平方キロメートル
日本一大きな環状列石（大湯）　直径46メートル
日本一高いスギ（二ツ井）　58メートル

わかるかな

「しょっつる鍋って、こんなにおいしいものだと思わなかった。昔は大きなホタテの貝ガラにハタハタの切り身や野菜なんかを入れて、しょっつるで味つけしてつくっていたんだって。しょっつるもハタハタでつくるらしいんだけど、どんな魚なんだろう？　切り身になってちゃ、わからないよ。どこかに絵でもないかな」

山形県

山形県は山に囲まれており、出羽山地が東西を分けています。海に面した西の平野地方を庄内といい、対馬暖流の影響で冬はわりにあたたかですが、風が強いのが特徴です。最上川中流、上流の盆地は夏と冬の温度差がはげしく、1日の気温も大きく変わります。

庄内平野や盆地には水田が多く、全国第7位の米生産県です（2004年）。盆地ではサクランボ、ラフランス、ブドウ、リンゴ、モモなどもよくつくられています。庄内ではカキの栽培やブタの生産もさかんです。

米沢盆地、新庄盆地、県面積の4分の3にあたる山地には雪が多く、山地のほとんどは森林です。特に北部にはスギの人工林が多く、日本有数の林業地になっています。山村ではキノコ栽培や山形牛などの生産も行われています。

海岸線は単調で港が少なく、漁業はさかんではありません。しかし魚はよく食べられており、川魚の養殖も行われています。

山に囲まれているので、江戸時代まで交通は最上川などの水運にたよることが多く、京都や大阪に絹、麻、紅花、米、魚などが運ばれました。山形と京都、大阪の文化には深いつながりがあります。

今は新幹線、山形自動車道、山形空港などができて首都圏との関係が深まり、電機・電子、機械などの先端工業が発展しています。食品、繊維、家具など地元の産物を加工する工業も元気です。

山がちであるため古い寺社も多く、祭や伝統行事もたくさん残っています。特に月山、湯殿山、羽黒山は「出羽三山」とよばれ、山そのものが神として信仰されてきました。山で修行する山伏や日本古来の猟師であるマタギも、わずかですが残っています。

わかるかな

「やっと鳥海山の頂上に着いたぞ。鳥海山は、〈秋田富士〉ともいうんだって。山形県にあるのに、どうしてだろう？」
「よく晴れてるから、日本海が青く見える。いま太陽は真上にあるけど、夕日は海にしずむのかな？」
「海に小さな島が見える。たしか、ウミネコやいろんな鳥がいてバードウォッチングで有名なんだ。名前をわすれちゃった。なんていう島だっけ？」
「海沿いに明るい緑色の平野がのびているのも見えるよ。あれは、なんていう平野だっけ？」

データとトピックス

面積　7394平方キロメートル（2003年）（12位）
高い山　鳥海山（出羽富士）（2236メートル）
長い川　最上川（229キロメートル）
人口　123.0万人（2003年）（33位）
人口密度　1平方キロあたり166人（2003年）（40位）
大きな都市　山形市（25.6万人）（2006年）
食料自給率　131%（2003年）（3位）
日本最高気温記録　40.8℃（山形市、1933年7月25日）
サクランボ生産量1位　75.5%（2001年）
ラフランス（西洋ナシ）生産量1位　62.1%（2001年）
火災保険の支出額1位　1世帯1か月1684円（1999年）
宅配便への支出額1位　1世帯1か月870円（1999年）
生野菜の消費額1位　1世帯1か月9562円（1999年）
塩の消費額1位　1世帯1か月118円（1999年）
しょうゆの消費額1位　1世帯1か月451円（1999年）
こんにゃくの消費額1位　1世帯1か月471円（1999年）
宿泊への支出額1位　1世帯1か月2082円（1999年）
山形市のサトイモ消費額1位　1世帯1か月1509円（2002年）
日本一のイモ煮会（山形）　直径6メートルの鍋で3万食分
日本一の大ケヤキ（東根）　樹高28メートル、根回り24メートル
日本一の大アカマツ（最上）　樹高22メートル、幹周7.5メートル
日本一高い噴水　寒河江ダム湖（月山湖）の112メートル

福島県

福島県は、阿武隈高地と奥羽山脈によって３つの地域に区切ることができます。海から順に、浜通り、中通り、会津とよばれていて、気候だけでなく伝統や風習などもちがいます。

浜通りは山脈が季節風をさえぎり、冬はわりにあたたかく雪はほとんどふりません。夏は海風ですごしやすいのが特徴です。いわき市や相馬などの漁港では、主に近海の魚をとります。海沿いのわずかな低地には水田が多く、阿武隈高地ではウシやブタなどを育てているほか、タバコ栽培なども行われています。

中通りは、阿武隈川などがつくる盆地帯です。冬は寒いのですが、雪はあまり多くありません。真夏はやや暑くなります。稲作が主ですが、そのほか北部では果物やカイコなど、中南部では野菜、花、ウシなどが育てられています。

会津は山あいの盆地です。冬はとても寒くて雪が多く、夏はよく晴れて気温も高くなります。ほとんどが水田ですが、高原では野菜やウシなどが育てられています。県の７割は森林で、丸太やキリ材などの生産に生かされています。

電機、飲料、飼料などの工場は、東北自動車道などが通る中通りの福島、郡山、白河などの市に多く、浜通りでは炭鉱のあったいわき市の化学、電機などの工業も元気です。会津塗りなどの伝統工芸をはぐくんだ会津では、電子工業などの先端産業が発展しています。

猪苗代湖がある福島県には明治時代からダムがつくられ、第二次大戦後も阿賀川、只見川などに大きなダムが次つぎにつくられました。今では沿岸部に多くの火力発電所や原子力発電所もつくられています。また、奥会津にある柳津西山地熱発電所は日本最大の地熱発電所です。

福島県は日本の電力の約１割をつくっていますが、これらの約９割は首都圏に送られています。農産物も東京に出荷されるものが多く、日本の首都は福島県に支えられているといってもよいほどです。

データとトピックス

面積　１万3783平方キロメートル（2003年）（３位）
高い山　燧ヶ岳（2356メートル）
長い川　阿武隈川（239キロメートル）
大きな湖　猪苗代湖（103.3平方キロメートル）（４位）
人口　211.3万人（2003年）（17位）
人口密度　１平方キロメートルあたり153人(2003年)（42位）
大きな都市　いわき市（35.4万人）（2006年）
食料自給率　79%（2003年）（９位）
キリ材生産量１位　33.0%（2000年）
なっとうの消費額１位　１世帯１か月469円（1999年）
電気ごたつの購入額１位　１世帯１か月215円（1999年）
日本一大きなわらじ　福島わらじ祭の大わらじの長さ12メートル、重さ２トン
日本一おそいアユ解禁日　伊南川の７月中旬～８月中旬

わかるかな

「ポッピロポッピロって鳴いているのが、福島県の鳥だよ。福島県の花はネモトシャクナゲっていうんだけど、どんな花だろう？」

茨城県

茨城県のほとんどは平野です。この平野は常陸台地といい、千葉県の下総台地とともに常総台地といいます。主な高地は八溝山地で、県北には阿武隈高地の南端部が顔をのぞかせています。

これらの山地の冬は寒く、夏は雷雨にみまわれます。太平洋沿岸や湖沼のある低地は冬もあたたかいほうです。その中間にある台地は、冬は筑波おろし、日光おろしといわれる冷たい風が北西からふきつけ、夏は乾燥します。

広い平野があって大消費地に近い茨城県は、農家人口が全国1位の農業県です（2003年）。常陸台地は富士山の火山灰によってできた関東ローム層でおおわれていて水はけがよく、畑に使われています。ここでは野菜、果実、ブタ、タマゴ、花などの生産がさかんです。低地には水田が多く、米の生産額は全国3位です（2003年）。これらの大部分が東京に出荷されます。

大津、那珂湊、大洗、波崎などの漁港では、主にイワシ、サバ、ヒラメなどの沿岸漁業が行われています。霞ヶ浦、北浦ではコイなどの養殖がさかんでしたが、病気や水質の悪化でむずかしくなっています。それでも水郷といわれる風景や伝統は残っており、観光のほかブラックバスなど外来の魚を釣りにおとずれる人もたくさんいます。

桜川（真壁町）は古くから花崗岩（みかげ石）の産地で、今でも全国有数の石材の生産・加工地です。日立には昔から銅の鉱山があり、明治時代には電線がつくり始められました。銅がとれなくなった今も、日立、ひたちなか、石岡、土浦などでは電線から発展した電機工業がさかんです。

人工的につくられた鹿島港を中心とする鹿島石油コンビナートでは火力発電、鉄鋼業、化学工業などがさかんで、東海原子力発電所などとともに首都圏の生活を支えています。

京浜工業地帯に近いことから、高萩、下館、古河、岩井、龍ヶ崎などにもさまざまな工場があります。つくばは人工的につくられた都市で、筑波研究学園都市として多くの研究所や大学などで最先端の研究・開発が行われています。

常磐線、関東鉄道、つくばエクスプレス、常磐自動車道などの沿線には東京に通勤する人たちの家も多く、東京からこれらの都市に通う人もたくさんいます。

データとトピックス

面積　6096平方キロメートル（2003年）（23位）
高い山　八溝山（1023メートル）
長い川　那珂川（150キロメートル）
大きな湖　霞ヶ浦（167.6平方キロメートル）（2位）
人口　299.1万人（2003年）（11位）
人口密度　1平方キロメートルあたり491人（2003年）（13位）
大きな都市　水戸市（26.3万人）（2006年）
食料自給率　72%（2003年）（12位）
クリ生産量1位　20%（2003年）
日本ナシ（赤ナシ）生産量1位　10%（2003年）
メロン生産量1位　21.4%（2001年）
レンコン生産量1位　37.6%（2001年）
春レタス収穫量1位　33%（2003年）
ハクサイ生産量1位　22.0%（2001年）
ゴボウ生産量1位　16.7%（2001年）
台所・住居用洗剤費1位　1世帯1か月410円（1999年）
交通通信費1位　1世帯1か月5万1526円（1999年）
学習用つくえ、いすの支出額1位　1世帯1年1200円（1999年）
祭具・墓石の支出額1位　1世帯1か月3767円（1999年）
婚礼関係の支出額1位　1世帯1か月3556円（1999年）

栃木県

栃木県は、高い山やまが北西部に連なっています。それをきざむように利根川に合流する鬼怒川や渡良瀬川、那珂川などが流れ出しています。鬼怒川や渡良瀬川などは南部に向かって低くなる地形にしたがって流れており、それが関東平野の北端部をつくっています。

雨雪の量は、地形につれて北西部の高地では多く、南部の低地になるほど少なくなります。全体に内陸性の気候で、冬は寒くて夏は暑く、昼と夜の気温差も大きいのが特徴です。そのため、夏の夕方にはカミナリが多く、雨もよくふります。

山ふところには、多くの温泉や渓谷があります。その近くには那須野原、戦場ヶ原、古峯ヶ原（鹿沼）などの高原もあるので、観光地や別荘地になっています。特に日光東照宮の寺社（世界遺産）、中禅寺湖や華厳の滝などは、海外からの観光客も多いところです。

山地ではスギやヒノキなどの林業も行われていますが、高原では酪農がさかんで多くの牧場があり、ホウレンソウ、ダイコンなどもつくられています。

イネ（耕地の77%が水田）、サトイモ、ゴボウなどは南部の低地だけではなく、川沿いや那須野原などでもつくられています。鹿沼は全国1位のニラの産地です（2004年）。イチゴ、ナス、トマトなどのハウス栽培もさかんです。ビール用の大麦、かんぴょう、こんにゃくは栃木県の特産物です。これらの農産物は主に京浜地方に出荷されます。

低地には国道4号や東北新幹線など、山すそには東北自動車道などが走っていて、これらの沿線に立地する食品・飲料、電機、機械、自動車、化学などの工場も京浜地方と深い関係をもっています。宇都宮以南には東京に通勤する人もめずらしくありません。

足利、佐野、小山などの織物業には古い伝統があり、養蚕も続いています。宇都宮の大谷石、鹿沼の園芸用土、益子町の陶器、今市（日光）の線香、栃木市の瓦なども伝統があるものです。

江戸時代に始まった足尾銅山は閉山しましたが、明治時代には日本最大の公害発生地でした。この問題の解決に力をつくした佐野生まれの田中正造は、足利から興った足利氏とともに栃木県が生んだ代表的な人物です。

わかるかな

「しぼりたての牛乳を牧場で飲むなんて、ほんとに旅のだいご味。那須は明治時代から別荘地だっただけに、近くに湿原、温泉、滝、スキー場、美術館なんかもあって、遊び切れないや」

「那須高原っていうのはリゾート地としての名前らしい。正式な土地の名前もあるんだって。何ていうんだろう？」

「北海道から長野県までのびる那須火山帯の名前の元になったのが、あの山。ロープウェイも使って登ってきたけど、どの山だかわかる？」

データとトピックス

面積　6408平方キロメートル（2003年）（20位）
高い山　白根山（日光白根）（2578メートル）
長い川　鬼怒川（124.8キロメートル）
大きな湖　中禅寺湖（11.8平方キロメートル）（25位）
人口　201万人（2003年）（20位）
人口密度　1平方キロメートルあたり314人（2003年）（23位）
大きな都市　宇都宮市（45.8万人）（2006年）
食料自給率　76%（2003年）（11位）
大麦生産量1位　24.7%（2002年）
ニラ生産量1位　21.3%（2004年）
イチゴ生産量1位　13.3%（2001年）
かんぴょう生産量1位　97%（2002年）
日本一長いつり橋（那須塩原）もみじ谷大つり橋の320メートル

群馬県

わかるかな

「ぎゃー、木の上にもヘビ。室内で世界中のヘビを飼っているだけじゃなくて、放し飼いにもしてるんだ。ヘビのサファリワールドだな。そういえば、群馬県にはアフリカの動物を放し飼いにしてるところがあるって聞いたけど、どこにあるんだろう？」

「ニシキヘビを首に巻いて記念撮影してたら、かわいくなってきちゃった。図鑑やテレビで見るだけじゃわからないもんだね」

群馬県は木の葉のような形をした山国で、利根川の上流や支流などが葉脈のように走っています。それらに並行するように上越新幹線、関越自動車道、国道17号、信越本線、上越線、伊勢崎線、吾妻線、わたらせ渓谷鉄道など、交通の動脈が走っています。南東部にある利根川の流域は関東平野の一部で、人口はここに集中しています。

平野部は温暖で雨雪が少なく、からっ風とカミナリで名物です。山地は気温が低めで雪も多く、多くの美しい渓谷、湿原、湖沼、温泉、スキー場などがあって、たくさんの観光客がおとずれます。また、川の上流には大きなダムがいくつもつくられ、首都圏に水と電気を送っています。

山がちなので畑が多く、平野部にある水田も首都圏に近いことからキュウリ、シュンギク、トマトなどの野菜畑、住宅、工場などに変わっています。水田の裏作につくられる小麦は全国3位の生産量（2003年）で、貴重な国産品になっています。

工場は太田の自動車、大泉町の電機、渋川の鉄鋼・化学などが主なものです。製糸や織物、家具や木工品、こんにゃく、小麦の製粉などには伝統があり、各地に工場があります。安中の亜鉛製錬、高崎のハムやダルマ、館林の麦菓子（落雁）、沼田の木工品などは、群馬県らしい産物です。

農業で働く人は半分もいませんが、山間地では養豚、酪農、養蚕のほか、コンニャクイモ、ウド、ウメなどの果樹、シイタケなどのキノコ、キャベツなどの高原野菜の生産もさかんです。

高地には多くの道路も走っており、すばらしい景色をながめることができます。こうした道路が観光客だけでなく地元の人たちにもふつうに使われていることは、山国であるのに首都圏の一部でもある群馬県のすがたをよく表しています。

データとトピックス

面積　6363平方キロメートル(2003年)(21位)
高い山　白根山（日光白根）（2578メートル）
長い川　利根川水系（423河川、総延長2655キロメートル）
大きな湖　菅沼(0.77平方キロメートル)(62位)
人口　203.4万人（2003年）（19位）
人口密度　1平方キロメートルあたり320人（2003年）（22位）
大きな都市　前橋市(28.3万人)(2002年)
食料自給率　35%（2003年）（30位）
ウド産出額1位　23.5%（2002年）
コンニャクイモ産出額1位　83.5%(2002年)
養蚕産出額1位　50.0%（2002年）
生シイタケ生産量1位　5034トン（2002年）
運転免許取得率1位　66.9%（2003年）
日本一キャベツをつくる村　嬬恋村の生産量は首都圏供給量の約80%
日本一だるまをつくる市　高崎市の生産量は全国の約80%（2004年）
日本一湯量の多い温泉　草津温泉の自然湧出量は毎分3万6839リットル
日本一酸性の温泉　白根山の火口湖である白根湯釜の温泉はペーハー0.7で、入ることも近づくこともできない
日本一外国人の割合が多い町　大泉町の外国人は約15%（2004年）
日本一短いトンネル　JR吾妻線の樽沢トンネル。長さは7.2メートル

埼玉県

埼玉県の東は関東平野の一部です。西は秩父山地で、その中央に秩父盆地があります。秩父盆地東の山地を外秩父、西の山地を奥秩父といいます。秩父盆地をつくっている荒川やその支流などは、中津峡や長瀞など多くの美しい景色をつくりだしています。秩父山地には三峰神社などの古い寺社がたくさんあり、秩父夜祭などの伝統もしっかり残っています。東京の通勤圏になっている平野部と同じ県とは思えないほど、ひなびた土地です。

平野部は冬もあたたかいほうで、雪がふることはあまりありません。特に北部の冬は晴天が続きます。夏は暑くなり、熊谷などでは40℃をこえることもめずらしくなくなりました。8月から9月ころにかけて大雨がふることもあります。

平野部の水田は住宅や工場などになって少なくなり、東京向けの野菜、花、果樹の畑になるところも増えています。ほとんどが兼業農家ですが、ブロッコリーが全国1位、ホウレンソウ、ネギなどは全国2位の出荷量です（2004年）。

京浜東北線、埼京線、高崎線、八高線、武蔵野線、東北本線、東北新幹線、上越新幹線、川越線、東武線、西武線などの鉄道が網の目のように張りめぐらされていて、それらの沿線には東京に通う人たちの住宅がたくさんあります。

都心から放射状にのびる道路も全国有数の長さで、沿線には多くの工業団地や大工場ができています。県の工業生産額は、自動車などの輸送機械、電機、化学、食品、一般機械の順になっています（2003年）。和光や本庄には科学技術の研究所や大学などもあり、いものの町として有名な川口は映像産業都市を目指しています。

秩父の絹織物（銘仙）、行田の足袋、岩槻（さいたま）の人形、加須のコイノボリ、安行周辺（川口）の植木、深谷の瓦、狭山の茶などには長い伝統があり、全国1位の生産量をほこっているものもあります。

東京の影響を強く受けている埼玉県ですが、川越は「小江戸」とよばれる古い町なみを残していて、イモなどでつくるお菓子（落雁）も有名です。さいたまの川魚料理、草加のせんべい、熊谷の五家宝なども伝統的な食べ物で、今も昔をしのばせてくれます。

データとトピックス

面積　3767平方キロメートル(2003年)(38位)
高い山　三宝山（2483メートル）
長い川　荒川（173キロメートル）
大きな沼　伊佐沼（0.35平方キロメートル）
人口　702.9万人（2003年）（5位）
人口密度　1平方キロメートルあたり1866人（2003年）（4位）
大きな都市　さいたま市(118.7万人)(2006年)
食料自給率　12%（2003年）（44位）
アイスクリームの出荷額1位　16.6%（2003年）
香辛料の出荷額1位　26.5%(2003年)
そう菜の出荷額1位　9.5%（2003年）
ユリ（切り花）の出荷量1位　2710万本（2002年）
プリムラ類（鉢もの）の出荷量1位　499万鉢（2002年）
スポーツの行動者率1位（10歳以上）76.7％（2001年）
旅行・行楽の行動者率1位(10歳以上）86.9％（2001年）
公害苦情件数1位　9596件(2003年)
日本一たくさん足袋をつくる市　行田の年間生産量約500万足（2002年）
日本最大の円墳　行田のさきたま古墳公園にある丸墓山古墳（直径105メートル）
日本最古の通貨　秩父出土の和同開珎
日本一大きな鉄わらじ（飯能の天竜寺）高さ3メートル、重さ2トン
日本一大きな水車（寄居町）　直径23メートル
日本一大きなせんべい（草加）　直径2.4メートル、重さ200キログラム
日本一大きなコイノボリ（加須）　目玉の直径10メートル
日本一大きなひな段（さいたま）　高さ8メートル、幅10メートル

東京都

わかるかな

「都内なのにカヌーで川下りができるなんて、びっくり。この川を下っていくと、有名な渓谷があるんだって。なんていう渓谷だか知ってる？」

「秋川を下ると、大きな川に出るんだ。あの川をカヌーで下って行ったら、おもしろいだろうなあ」

「もっと行ったら東京湾。きっと飛行機が見えるぞ。あの飛行場の横を流れているんだから」

東京都の西部は関東山地の一部で、多摩川の上流や支流が秋川渓谷などをつくっています（奥多摩）。その東には武蔵野台地が広がり、台地の南にのびる多摩丘陵のあたりを多摩といいます。

武蔵野台地が一段下がるところに石神井、井の頭、善福寺などの池（わき水）があり、そこから東を山手台地といいます。

山手台地には川がきざんだ多くの谷があり、そのためたくさんの坂があります。

山手台地は山手線の東（赤羽—上野—東京—品川）で、また一段と下がります。この低地帯を下町といいます。

気候は温暖で、冬は晴天が続きます。雪はあまりふりません。雨は梅雨時や秋口に多く、特に山地でよくふります。23区内は大部分がコンクリートなどでおおわれているうえ、高層ビルが林立したため、夏はとても暑くなります。

下町は江戸時代から職人や商人の町でした。今でもその伝統が残っていて、三社祭、神田祭などの行事も続いています。

山手は武家屋敷や寺社のほかは農地でしたが、明治時代になってから官庁や企業のサラリーマン、学者、学生などが住むようになりました。

奥多摩、富士火山帯の火山島から成る伊豆諸島、小笠原諸島などは人口が少なく、東京都とは思えない豊かな自然が残っています。伊豆諸島は雨がよくふりますが、小笠原諸島は亜熱帯気候で雨は多くなく、めずらしい動植物の宝庫です。

武蔵野台地などに残る農家は、コマツナ、ウド、クレソン、イチゴなど朝どりの野菜をつくっています。南の島ではツバキ油やテングサの採取、漁業などが行われ、観光が大切な産業になっています。

これに対して、日本橋から半径10キロ㍍内（ほぼ環状7号線内）にはビルなどが密集しています。ここに326万人、20キロ㍍内に1175万人、30キロ㍍内に1875万人、50キロ㍍（ほぼ五日市まで）内に3074万人（日本人の4分の1）が住んでいます（2000年）。

このあたりまでは通勤圏で、近県からも約300万人が都内に通っています。最近は下町にも多くの集合住宅ができ、職場の近くに引っこす人も増えてきました。

山手線から放射状にのびる鉄道とそれを環状につなぐ武蔵野線、地下鉄やバス路線などがクモの巣のように張りめぐらされ、これらの人たちを運んでいます。東海道、東北、上越などの新幹線は、神戸や秋田などまで日帰り圏にしました。

このため商業がさかんで、上野アメヤ横丁、秋葉原の電気街、渋谷・原宿のファッション街、神田の古書店街など、特色のある町ができています。

卸売業は大商社をはじめ、馬喰横山の衣料・雑貨、日本橋の薬品、蔵前のおもちゃ、かっぱ橋の店舗用品などの問屋街があり、築地には生鮮食品をあつかう世界有数の中央卸売市場があります。

これらの商品は、日本の内外から船（東京・川崎・横浜港）、飛行機（羽田・成田空港）、鉄道のほか、国道や高速道路などを使って運びこまれ、大部分は東京で消費されますが、一部はふたたび地方に送られます。

東京には中央官庁があるほか、大企業や外国企業のほとんどが本社や支社を構えています。そのため、情報を提供したり処理したりする情報サービス産業もさかんです。新聞社、出版社の8割が東京

データとトピックス

面積　2102 平方キロ㍍（2003 年）（45 位）
高い山　雲取山（2017 ㍍）
長い川　多摩川（138 キロ㍍）
人口　1237.8 万人（2004 年）（1 位）
人口密度　1 平方キロ㍍あたり 5855 人（2003 年）（1 位）
大きな都市　23 区（846.9 万人）（2006 年）
食料自給率　1%（2003 年）（最下位）
自然海岸率　0%（2004 年）（最下位）
持ち家率　45.1%（2003 年）（最下位）
平均個人所得 1 位　408 万円（2002 年）
第三次産業就業者率 1 位　74.2%（2000 年）

住宅新築戸数 1 位　16 万 6961 戸（2001 年）
商店数 1 位　17 万 6669 店（2001 年）
建物出火件数 1 位　6837 件（2004 年）
道路舗装率 1 位　60.0%（2004 年）
道路交通事故件数 1 位　8 万 4513 件（2004 年）
海外旅行者数 1 位　246 万人（2003 年）
年間の書籍雑誌購入額 1 位　1 世帯 2 万 664 円（1999 年）
携帯電話普及率 1 位　115.2%（2004 年）
水道普及率 1 位　100%（2001 年）
下水道普及率 1 位　98.0%（2004 年）
ホテル・旅館客室数 1 位　11 万 5040 室（2002 年）

にあり、全国の放送局も東京の局によって系列化されています。IT（情報技術）産業や金融業なども東京に集中しており、世界の動きと連動しています。

各種学校、専門学校、大学、研究所、博物・美術館、図書館、映画館、劇場、スポーツ施設、ホールなどの教育・文化施設も数え切れないほどあります。

工業の比重は大きくありませんが、出版印刷、精密機械、皮革工業は群をぬいています。大工場は他県に移転していますが、京浜工業地帯の一部である大田区などには中小の工場が集中しています。

東京では、お金さえ出せば何でも手に入れることができます。しかし、生活費は高く、いろいろな人や建物が密集しているために災害、事故、犯罪などの危険性も高くなっています。

生活しにくくて、おもしろくて、危険の多いところ。それが東京です。

神奈川県

神奈川県は、東西に大きく３つの地域に区切ることができます。西半分は、丹沢山地と箱根の火山群が主体です。これらの山地では雨がよくふります。その東の中央部には、相模川や境川などがつくる台地や平野が南北に帯のように広がり、南に向かってだんだん低くなります。その平野部の海に面したあたりには砂丘が続いています。
県東部の北には、東京都との境を流れる多摩川がつくる低地があります。東部の南には三浦半島をつくる丘陵があって、南北の間を多摩丘陵が北西から南東に向かって横切っています。
この３つの地域にまたがっていますが、相模湾に面した沿岸部は、特に湘南とよばれています。湘南を通る東海道線や国道１号をはじめ、多くの鉄道や道路が東京に通じており、東部から中央部は首都圏の一部を成しています。
丹沢や箱根の山地には貴重な自然が残っているところがあり、クマタカの保存なども行われています。林業も行われていますが、あまりさかんとはいえません。

わかるかな

「金時山って景色がいいなあ。富士山がよく見える。あっちは○○県だね」
「この山から北の足柄峠までの山地を足柄山ってよぶらしい。足柄山には怪力の持ち主がやまんばといっしょに暮らしていたっていう伝説があるんだ。なんていう名前の人か覚えてる？」
「金時山は三重式火山の最も外側にある山の一つなんだって。そうすると、その真ん中の火山はあれだな。箱根って温泉だらけだけど、そのわけがわかったぞ」
「箱根駅伝は国道１号線を走るけど、江戸時代には江戸と京都・大阪を結ぶ街道だった。なんていう名前の道だか知ってる？」

丹沢山地の北には牧場などがあり、南ではお茶なども栽培されています。箱根の山すそでは、ミカンなどがつくられています。
中央部の平野や台地では、近くの都市向けに野菜がつくられ、酪農や養豚なども行われています。
都市化や工業化が進んだ東京湾岸は別ですが、東部では主に野菜がつくられています。特に三浦半島ではダイコン、キャベツ、スイカの生産がさかんで、東京などに出荷されます。
山地の夏はすずしく、避暑地などにも使われています。冬でも雪はほとんどふりません。湘南は冬もあたたかく、夏は海風がふいて過ごしやすいので、住宅地のほか保養地やマリンスポーツのメッカになっています。

相模湖周辺のキャンプ、丹沢のハイキングや登山、箱根の温泉や周遊、湯河原の湯治、江ノ島や鎌倉の観光、城ヶ島の景観、横浜の町なみ散歩なども、手近なレジャーとして首都圏の人たちに親しまれています。
箱根の寄木細工、小田原の漆器や水産加工品、江ノ島の貝細工、鎌倉のハムや鎌倉彫、三浦のワカメ、横浜の中華点心やスカーフなどの伝統的な産物は、こうした観光客のみやげものとしても喜ばれています。
三崎港は遠洋漁業の中心地で、マグロ、カツオなどが水あげされます。小田原港では相模湾のアジ、ブリ、イワシ、マグロなどがとられ、長井港ではイカ、サバなどもとられています。

東京湾岸には都内から横須賀にかけて京浜工業地帯が広がっており、川崎、横浜、横須賀の工業港を中心に、石油化学コンビナート、造船、鉄鋼、自動車などの工場や火力発電所が集中しています。

そのほか相模原、大和、海老名、厚木、伊勢原、秦野、藤沢、茅ヶ崎、平塚などにも、さまざまな工場や先端技術の研究所などがつくられています。川崎や横浜などをふくめ、これらの都市から東京に通う人たちもたくさんいます。

横須賀にはアメリカの軍港もあり、厚木、座間、逗子などにも基地があって、いろいろな問題が起きています。工場による水や空気の汚染、騒音などの公害もなくなったわけではありません。

首都圏を会社にたとえてみると、東京は「本社」にあたり、神奈川県は「工場」や「支社」、「社宅」、「保養所」などを引き受けているということができます。

データとトピックス

面積　2415平方キロメートル（2003年）（43位）
高い山　蛭ヶ岳（1673メートル）
長い川　相模川（109キロメートル）
大きな湖　芦ノ湖（6.9平方キロメートル）（33位）
人口　868.7万人（2003年）（3位）
人口密度　1平方キロメートルあたり3596人（2003年）（3位）
大きな都市　横浜市（358.4万人）（2006年）
食料自給率　3%（2003年）（45位）
横浜港の入港トン数1位　23万3800トン(2000年)
化学工業品出荷額1位　2兆3323億円（2003年）
石油石炭製品出荷額1位　1兆5805億円(2003年)
電気機器出荷額1位　4兆8471億円（2003年）
ガソリン出荷額1位　20.3%（2003年）
光学ガラス出荷額1位　52.9%（2003年）
光ファイバー出荷額1位　53%（2003年）
温水ボイラー出荷額1位　10.3%（2003年）
汎用ディーゼル機関出荷額1位　30.9%（2003年）
写真フィルム出荷額1位　42.8%（2003年）
炭酸ガス出荷額1位　35.4%（2003年）
洗濯石けん出荷額1位　35.7%（2003年）
合成洗剤出荷額1位　20.5%（2003年）
ハンカチーフ出荷額1位　39.4%（2003年）
ビール出荷額1位　11.7%（2003年）
おしろい出荷額1位　20.2%（2003年）
ファンデーション出荷額1位　24%（2003年）
化粧用クリーム出荷額1位　28.5%（2003年）
乳液出荷額1位　33.7%（2003年）
シャンプー・ヘアリンス出荷額1位　25.9%(2003年)
養毛料出荷額1位　60.2%（2003年）
すし・べんとう出荷額1位　11.2%（2003年）
チーズ出荷額1位　34.3%（2003年）
乳飲料・乳酸菌飲料出荷額1位　12.3%（2003年）
調理パン・サンドイッチ出荷額1位　8.7%(2003年)
バター・チーズ消費額1位　1世帯1か月448円（1999年）
日本一人口の多い市　横浜市の358.4万人(2006年)
日本一深いコンテナ船のバース　横浜港の水深16メートル
日本最大のマリーナ　横浜ベイサイドマリーナの1489艇（2003年）
日本一大きな凧（座間）　13.5メートル四方、重さ約1000キログラム
世界一長い海底道路トンネル　東京湾アクアライン（川崎から木更津）アクアトンネルの上り9576メートル、下り9583メートル

千葉県

千葉県は北の下総台地と南の房総半島から成っています。かつて利根川は東京湾に注いでいましたが、江戸時代に水害を防ぎ水運をよくするため銚子に向かって流れを変えられ、それによって今の手賀沼や印旛沼などができました。
下総台地から九十九里平野までの地下には天然ガスとヨウ素が溶けた塩水層があり、資源として使われています。ヨウ素は日本の84%、世界の4割が生産されています（2004年）。

気候は南になるほど温暖です。冬の内陸部は乾燥しますが、太平洋に面したところは雨が多めです。南房総の丘陵部は特に雨が多くて緑が深く、黒潮あらう海岸や渓谷とともに「花と観光の国」になっています。
木更津までの東京湾岸は、都心から40キロ㍍の円内に入ります。湾岸はすべて埋立地で、浦安から千葉にかけては臨海新都市がつくられています。千葉港から木更津までは、石油化学コンビナート、火力発電所、製鉄所などが立ちならぶ臨海工業地帯になっています。この40キロ㍍内には農地もありますが、野田、流山、松戸、柏、白井、鎌ヶ谷、八千代、市原などにも工業団地や住宅団地が広がっています。これらの市は多くの鉄道や道路で都心と結ばれていて、通勤圏でもあるため「千葉都民」がたくさん住んでいます。
その外側は農業が中心で、がらりと表情が変わります。稲作のほか、東京に出荷するネギ、ホウレンソウ、サトイモ、カブ、エダマメ、ダイコン、キャベツ、トマト、ニンジン、サツマイモ、キュウリ、スイカなどの野菜づくりがさかんです。八街のラッカセイ、白井のナシ、富浦（南房総）のビワ、九十九里の植木も有名です。房総丘陵では酪農もさかんで、下総台地の東部などでは養豚や養鶏も行われています。
銚子、大原、勝浦、千倉、勝山などの港ではイワシ、サバ、サンマなどが水あげされます。木更津や富津の沖ではノリ養殖がされ、房総のイセエビは漁獲量1位です。御宿や白浜などには海女もいて、アワビ、サザエなどをとって観光客を楽しませています。
浦安に「東京ディズニーランド」があるように半分「東京」になりつつある千葉県ですが、自然の豊かな「千葉」もしっかり残っています。

データとトピックス

面積　4996平方キロ㍍(2003年)(28位)
高い山　愛宕山（408㍍）
長い川　利根川（322キロ㍍）
大きな湖　印旛沼(8.9平方キロ㍍)(29位)
人口　602.4万人（2003年）（6位）
人口密度　1平方キロ㍍あたり1206人（2003年）（6位）
大きな都市　千葉市(92.6万人)(2006年)
食料自給率　30%（2003年）（33位）
ネギ生産量1位　14.4%（2001年）
ホウレンソウ生産量1位　12.2%(2001年)
サトイモ生産量1位　17.6%（2001年）
カブ生産量1位　27.8%（2001年）
エダマメ生産量1位　12.7%（2001年）
ラッカセイ収穫量1位　76.4%(2003年)
イセエビ漁獲量1位　26.9%（2001年）
しょうゆ出荷額1位　35.4%（2000年）
海水浴場の数1位　82か所（2001年）
リサイクル率1位　19.5%（1999年）
日本一低い県　平均海抜42㍍で最下位
日本一の貿易港　成田空港の輸出入額17兆6531億円（2001年）
日本一の貨物港　千葉港の貨物取扱量1億5870万トン（2001年）
日本最長の人工海浜　千葉市美浜区の4320㍍（2000年）
日本一明るい灯台　犬吠埼灯台の200万カンデラ（2004年）

新潟県

新潟県は、越後、柏崎、高田と続く平野を越後山脈、三国山脈、飛騨山脈などの山やまが取り囲み、信濃川や阿賀野川などの本流や支流が谷や盆地をつくっています。佐渡島や粟島を加えて、自然公園の面積は全国２位です。

越後平野は日本有数の美田地帯ですが、これは江戸時代から続く干拓により湿原が生まれ変わったものです。佐潟、瓢湖、福島潟はそのなごりで、ハクチョウなどの渡り鳥がやってくる貴重な湿地として残っています。

米がよくできるのには気候も関係しています。冬には日本海からのしめった空気が山にぶつかって大雪がふります。初夏には「だし風」が山から平野や盆地にふき下ろし、気温がぐんぐん上がります。すると、雪どけ水や梅雨が田をうるおしてイネが開花し、その気温差でおいしい米が育つのです。近年は米の消費が減ったため、砂丘や丘陵など水田にならない土地では果樹、野菜、大豆、花、球根、鉢もの、エノキダケ、マイタケなどもつくられています。

漁業は新潟港と佐渡島の両津港が中心です。主にサバ、アジ、イカ、ホッケなどがとれますが、粟島のタイ、佐渡のブリ、糸魚川のアマエビ、新潟のベニズワイガニも有名です。

新潟県では昔から石油や天然ガスがとれました。今は天然ガスが主ですが、沖合いの深い地層にもガス油田が見つかり、開発が進められています。このため、新潟東工業港や直江津港（上越）の周辺には工業地帯ができています。最近は電機・電子の工場が増えてきました。一方、村上の堆朱（うるし工芸品）、五泉や見附のニット、三条の刃物、燕の洋食器、加茂のたんす、小千谷ちぢみ、南魚沼の越後上布、山古志（長岡）のニシキゴイ、佐渡のおけさ柿など、伝統的な産物もたくさんあります。

関越自動車道と上越新幹線ができて東京から日帰りができるようになり、首都圏との結びつきが強まっていますが、佐渡などには今も古い伝統や自然がたくさん残っていて観光客を楽しませてくれます。

データとトピックス

面積　1万939平方キロメートル（2003年）（6位）
高い山　小蓮華山（2769メートル）
長い川　信濃川（367キロメートル）
大きな湖　佐渡の加茂湖（4.9平方キロメートル）（44位）
人口　246.0万人（2003年）（14位）
人口密度　1平方キロメートルあたり225人(2003年)(29位)
大きな都市　新潟市（80.6万人）（2006年）
食料自給率　99%（2003年）（4位）
米の産出量1位　7.3%（2003年）
米菓の出荷額1位　42.4%（2002年）
切りもち、包装もち出荷額1位　58.9%（2003年）
チューリップ切り花出荷量1位　31.7%（2002年）
石油生産量1位　80.0%（1998年）
天然ガス生産量1位　66.2%（1998年）
洋食器出荷額1位　87.7%（2002年）
石油ストーブ出荷額1位　43.8%（2003年）
磁気ヘッド出荷額1位　71.8%（2003年）
国指定の有形民俗文化財の数1位　15件（2004年）
奥只見ダム(銀山湖)の貯水量1位　4億5800万立方メートル
日本一ハクチョウが来る県　1万3198羽（2002年）

富山県

富山県はハネを広げたチョウのような形をしていて、飛騨山脈、飛騨高地、宝達丘陵、両白山地などに取り囲まれています。山やまからは小矢部川、庄川、神通川、常願寺川、黒部川などが流れ出し、砺波平野や富山平野をつくっています。

冬はくもりの日が多くて、山地を中心に大量の雪がふります。しかし、春から夏にかけて南風が山やまをこえてふき下ろすと、とても暑くなります。

この雪どけ水や梅雨などを集める川の水が豊かさをもたらすので、県土の半分をしめる森林の多くは水源保安林になっていて、木材としては使われていません。

耕地のほとんどは水田で、ダムや用水路、土地の改良によって生産性の高い米づくりがされています。ほかには砺波平野でチューリップの球根、入善町で黒部スイカなどがつくられている程度です。

発電用のダムも110以上あり、富山湾岸の火力発電所や豊富な工業用水とともに、金属（主にアルミ）、電機・電子、一般機械、プラスチック、食品、輸送機械などの工業を支えています。水を利用する点では、海洋深層水のくみ上げ施設が滑川と入善町にあるのも特徴です。富山湾の東半分は急に深くなりホタルイカやシロエビ（トヤマエビ）などが特産になっていますが、この地形が深層水をくみ上げるのにもよいのです。富山湾はブリなどの水産物が豊富ですが、資源が減ってきているためアワビやシロエビなどが深層水で養殖されています。

伝統的な産業も元気です。越中富山の薬売りとして知られる置き薬は、最先端の製薬業となって発展しています。高岡の銅器や漆器、井波（南砺）の木工芸、八尾（富山）や五箇山（南砺）などの越中和紙も有名です。

五箇山の合掌造りは豪雪にたえ、養蚕ができるようにつくられた民家で、岐阜県の白川郷とともに世界遺産になっています。五箇山には「麦や節」や「こきりこ節」など、雪深い生活を感じさせる民謡や踊りも残っており、八尾の「おわら節」も「風の盆」として有名です。

このように、富山県の産業と文化は雪と水にはぐくまれたものなのです。

データとトピックス

面積　2802平方キロ㍍（2003年）（41位）
高い山　立山（3015㍍）
長い川　神通川（120キロ㍍）
人口　111.9万人（2003年）（38位）
人口密度　1平方キロ㍍あたり399人（2003年）（14位）
大きな都市　富山市（41.8万人）（2006年）
食料自給率　77%（2003年）（10位）
年相対湿度1位　75%（2001年）
水田率1位　96%（2002年）
北洋材輸入量1位　17%（2000年）
アルミサッシ・ドア出荷額1位　32.6%（2001年）
持ち家率1位　79.3%（2000年）
1世帯あたりの住宅面積1位　146.4平方㍍（2000年）
1人あたりの年間電力使用量1位　9404キロワット時（2003年）
老人クラブの加入率1位　58.6%（2002年）
1万人あたりの火災発生件数最下位　2.77件（2002年）
勤労者の消費支出額1位　1世帯1か月42万8877円（2002年）
ワカメ・コンブの消費額1位　1世帯1か月294円（1999年）
生鮮魚介類の消費額1位　1世帯1か月8019円（1999年）

石川県

石川県は宝達丘陵、両白山地、加越山地に囲まれています。能登半島にも丘陵はありますが、ほとんどが低地です。手取川や犀川などがつくる金沢平野では古くから水田が開かれ、中心地の金沢は江戸時代に加賀藩百万石の城下町として栄えました。

冬は白山一帯の高地に大量の雪がふりますが、低地になるほど少なくなり能登ではあまりふりません。春は山をこえてくる南風でとても暑くなる日があり、夏はむし暑い晴天の日が多くなります。低地はほとんど水田で、豊かな川水が利用されています。能登は水が不足がちで、ため池が使われています。金沢平野の海沿いには砂丘が続き、ブドウ、リンゴ、ナシ、スイカ、野菜などがつくられています。能登ではクリの栽培やウシの放牧などもされています。

山地のコナラ、ブナなどの天然林は保安林になっていますが、スギやアテ（能登ヒバ）などの人工林もあります。丘陵部はマツ林や里山になっているところが多く、シイタケ、エノキダケ、ナメコなどがつくられています。

小木（能登町）、金沢、七尾、輪島などの漁港では、イワシ、イカ、アジ、サバ、ブリなどをとり、特にズワイガニが有名です。能登島ではアマエビ、アワビ、マダイ、サケなどの養殖に力を入れています。これらの農水産物を使う食品加工業は伝統に根ざしていて、大事な産業になっています。加賀友禅など絹織物の伝統から発展した繊維工業もさかんです。今は織機の生産から発展したブルドーザー、ショベルカー、自転車、電機などの工業が主な産業になっています。

陶土（小松）、レンガなどの材料になる珪藻土（珠洲、七尾）の鉱業にも伝統があります。陶土は九谷焼、大樋焼などの原料になり、珪藻土は輪島塗など漆器の下地にも使われます。これらの工芸もさかんで、多くの重要無形文化財保持者（人間国宝）がいます。

金沢は日本で最も古都のおもかげを残している町の一つですが、そのほかでも年中行事、建物、庭園など古いものが多く残り、白山のふもと、能登半島などには豊かな自然が残っています。

すばらしい日本の伝統がたくさん残る石川県は、小松空港、能登空港、北陸本線、北陸自動車道などで便利になり、海外からも多くの観光客を集めています。

データとトピックス

面積　4185 平方キロ㍍（2003 年）（34 位）
高い山　白山（2702 ㍍）
長い川　手取川（72 キロ㍍）
大きな湖　河北潟（4.1 平方キロ㍍）（51 位）
人口　118.0 万人（2003 年）（35 位）
人口密度　1 平方キロ㍍あたり 282 人（2003 年）（24 位）
大きな都市　金沢市（45.5 万人）（2006 年）
食料自給率　50%（2003 年）（22 位）
金銀箔生産量 1 位　99%以上（2004 年）
児童福祉施設の定員 1 位　1000 人あたり 32 人（2001 年）
日本一地震の少ない県　1973～2002 年までに有感地震 393 回
日本一日展入賞者の多い県　100 万人あたり 327 人(2000～2002 年)

福井県

福井県は中央の細いところから北を嶺北（越前）、南を嶺南（若狭）といいます。嶺北は両白山地などに囲まれ、九頭竜川の本流や支流域に福井平野が広がっています。嶺南は野坂山地と丹波高地が若狭湾に落ちこみ、リアス式海岸をつくっています。

嶺北の気候は北陸に近く、冬の山地は雪が多いのですが、対馬暖流の影響で大雨になることもあります。沿岸部で雪がふることはあまりありません。嶺南の気候は山陰に近く、雪も少なく温暖です。

県の４分の３が山林ですが、スギ、ヒノキの人工林は手入れがされなくなっています。耕地のほとんどは水田ですが、越前海岸地域ではダイコン、ラッキョウ、スイカ、ウメ、スイセンなども栽培されています。花ハスは南越前町の特産です。

三国（坂井）、越前（越前町）、敦賀、小浜などの港は昔から漁業がさかんで、イカ、ブリ、アジ、グジ、カレイ、エチゼンガニ（ズワイガニ）、アマエビ（ホッコクアカエビ）などが水あげされます。リアス式海岸の湾内は波が静かで、ハマチ、フグ、ガザミ、クルマエビ、真珠などの養殖が行われています。

福井平野では織物がさかんで、仕立も行われています。鯖江はメガネわく、福井は洋がさ生産で有名です。これらは農家の人手によって多くの小工場でつくられます。

小浜には電機や機械、越前には洗剤や塩化ビニル、敦賀にはセメントや合板などの工場もあります。伝統産業としては、越前の刃物、越前焼、越前和紙、鯖江の越前漆器、小浜の若狭塗やメノウ細工、坂井の越前竹人形などが有名です。

福井県には臨海コンビナートがないこともあり、若狭湾岸に多くの原子力発電所が誘致されました。九頭竜川の河口の南には、福井新港を中心とするテクノパーク計画が進められ、その南には石油備蓄基地ができています。しかし、これらの開発に対しては環境への影響を心配する人もいます。

わかるかな

「勝山駅前にあるフクイリュウって、これか。プラスチックと思えない」

「なれなれしいやつだ。正式にフクイサウルス・テトリエンシスとよんでほしいね。おれはフィギアだが、勝山の県立恐竜博物館には元の大きさの復元骨格だってあるんだぞ」

「その名前、どういう意味？」

「まあ、手取層という地層から出た福井のトカゲというような意味だ」

「トカゲ？」

「おれは１億4000万年くらい前、白亜紀の前期に栄えたイグアノドンという恐竜のなかまで、歯がイグアナというトカゲに似ている」

「そういえば、イグアナって恐竜っぽいかもしれない」

「そう。イグアナの先祖だって白亜紀には恐竜だったかもしれん。手取層からはティラノサウルスの化石も見つかっているし、日本にも恐竜がたくさんいたってことだ」

データとトピックス

面積　4189平方キロメートル（2003年）（33位）
高い山　経ヶ岳（1625メートル）
長い川　九頭竜川（116キロメートル）
大きな湖　水月湖（4.2平方キロメートル）（50位）
人口　82.7万人（2003年）（43位）
人口密度　1平方キロメートルあたり197人（2003年）（34位）
大きな都市　福井市（27.1万人）（2006年）
食料自給率　67%（2003年）（13位）
メガメわく生産額１位　90%（2004年）
リボン生産額１位　90%（2004年）
女性の就業率１位　53.7%（2002年）
１世帯あたりの貯蓄額１位　1963.9万円（1999年）
１世帯あたりの自動車所有数１位　2.048台（1999年）
油あげ・がんもどきの消費額１位　１世帯１か月568円（1999年）
炊事用ガス器具の支出額１位　１世帯１か月264円（1999年）
日本一高い五重塔　越前大仏五重塔の75メートル（2002年）
日本一たくさん恐竜化石が発見された地層　勝山市などの手取層

山梨県

山梨県の約９割は山地で、富士山、北岳などの山やまが甲府盆地を取りまいています。甲府盆地は富士川とその支流によってつくられました。富士五湖も富士川の支流の一つが富士山の溶岩にせきとめられてできたものです。

人口の大部分が住んでいる盆地は晴れの日が多く、夏と冬の気温差が大きいのが特徴です。これに対し、特に富士山や身延山地では雨雪がたくさんふります。

水はけがよすぎて水田に向かない土地が多く、米余りも原因となって、農業はブドウ、モモ、スモモ、サクランボなどの果樹が大部分です。八ヶ岳や富士山麓ではレタス、キャベツなど高原野菜の栽培や酪農、盆地南北の山麓では養蚕、養豚、酪農なども行われています。

富士山麓のわき水を使ったニジマス（富士吉田周辺）、ニシキゴイ（笛吹）などの養殖は、山梨県らしい漁業です。富士五湖では、ワカサギ、ヘラブナ、バスなどの釣りが客を集めています。

山梨県では昔から金や水晶がとれました。金はほりつくされましたが、貴金属の加工や印鑑の彫刻が産業として残っています。市川三郷町のしょうじ紙は全国１位の生産量ですが、これも江戸時代の和紙生産が発展したものです。ブドウの栽培も江戸時代からで、ワインの生産が大きな産業になっています。絹の産地でもあり、織物、服飾業もさかんです。

首都圏に近いこと、きれいな水が豊富であることから、甲府や富士吉田などには電機・電子、産業機械、自動車関連などの工場が多く、産業用ロボットなどの先端工業も発展しています。

首都との結びつきは、中央本線、国道20号、411号などに加えて中央自動車道が開通したことで強められ、買い物などで東京都に行く人も増えています。首都圏の人たちも、富士山、八ヶ岳、清里高原、富士五湖などの自然にひかれ、登山、観光、温泉、避暑などで、よく山梨県をおとずれます。

データとトピックス

面積　4201 平方キロメートル（2003 年）（32 位）
高い山　富士山（3776 メートル）
長い川　富士川（128 キロメートル）
大きな湖　山中湖（6.8 平方キロメートル）（34 位）
人口　88.7 万人（2003 年）（41 位）
人口密度　1 平方キロメートルあたり 211 人(2003 年)（31 位）
大きな都市　甲府市（18.9 万人）（2006 年）
食料自給率　21%（2003 年）（38 位）
農業産出額における果実の割合 1 位　59.9%（2002 年）
ブドウ生産量 1 位　25.4%（2003 年）
モモ生産量 1 位　35.5%（2003 年）
スモモ生産量 1 位　31.6%（2003 年）
貴金属装身具出荷額 1 位　31.3%（2003 年）
果実酒出荷額 1 位　29.5%（2003 年）
数値制御ロボット出荷額 1 位　24.6%(2001 年)
半導体製造装置の部分品・取付具・付属品出荷額 1 位　14.7%（2001 年）
ボランティア活動率 1 位　39.1%（2001 年）
日本一よく日が差す都市　甲府市の年間日照時間は 2245 時間（2002 年）

長野県

長野県の８割は山地で、そのほとんどが森林におおわれています。北には妙高山地、西には飛騨山脈（北アルプス）、東には三国山地と関東山地、南には木曽山脈（中央アルプス）と赤石山脈（南アルプス）がそびえています。

これらの山地を切り開いて、犀川、千曲川（新潟県では信濃川）などが日本海に向かい、木曽川、天竜川などは太平洋へと向かいます。

その流れによって犀川は松本盆地を、千曲川は佐久・上田・長野盆地を、木曽川は木曽谷を、天竜川は伊那盆地をつくっています。また、天竜川が流れ出す諏訪湖の周りには諏訪盆地があります。

高地は寒くて雪が多いのですが、北部の盆地は冬と夏の気温差が大きく雨雪ともに少ないのが特徴です。木曽谷や伊那盆地は冬もそれほど寒くなくて晴れることが多く、夏に雨がよくふります。

森林の多くは保安林で、日本三大美林の一つである木曽ヒノキも山をあらさない程度に利用されています。これらの木材は建築用材のほか、家具などにも使われています。山間地ではエノキダケ、シメジ、ワサビ、ナメコ、ヤマノイモなどの栽培もさかんです。

耕地は盆地を中心に県土の１割しかなく、棚田が多いのが特徴です。浅間山や八ヶ岳のふもとでは、レタスなどの高原野菜がつくられています。耕地には果樹も多く、リンゴ、ブドウ、ナシ、モモ、アンズ、スモモなどの生産や加工がさかんです。これらの果樹畑は明治時代にはクワを植えていたところで、養蚕も細ぼそと続いています。

絹がさかんに使われていたころ、諏訪には農村女性が働く製糸工場がたくさんありました。化学繊維ができて絹がおとろえると、こうした工場は時計などの精密機械工業に利用されるようになり、変化していきました。今では長野・上田・佐久・松本・伊那盆地でも電機・電子工業などが発展し、精密機械とともに主な産業になっています。

信越・中央本線に加えて新幹線、中央・長野・上信越自動車道ができてから、県内の都市と東京、名古屋は半日ほどで結ばれるようになりました。農業も工業も大都市との結びつきを強め、日本の中央にある長野県の強みが生かされています。これらの交通手段を利用し、豊かな山河にはぐくまれた文化や伝統にふれようと都会や外国からおとずれる人たちも増えています。

データとトピックス

面積　１万3585平方キロメートル（4位）
高い山　穂高岳（奥穂高岳）（3190メートル）
長い川　千曲川（信濃川）（367キロメートル）
大きな湖　諏訪湖（12.9平方キロメートル）（24位）
人口　221.5万人（2003年）（16位）
人口密度　１平方キロメートルあたり176人(2003年)（37位）
大きな都市　長野市（38.3万人）（2006年）
食料自給率　53%（2003年）（20位）
標高3000メートル以上の山の数１位　16山頂
棚田100選に選ばれた地区の数１位　16地区
男性の平均寿命１位　78.9歳（2000年）
アスパラガス生産量１位　23%（2002年）
加工用トマト生産量１位　37%（2002年）
レタス生産量１位　33%（2002年）
セロリ生産量１位　37%（2002年）
巨峰ブドウ生産量１位　32.7%（2001年）
トルコキキョウ生産量１位　15%（2002年）
カーネーション生産量１位　20%（2002年）
ワサビ生産量１位　34%（2001年）
ブナシメジ生産量１位　48%（2001年）
エノキタケ生産量１位　57%（2001年）
かんてん出荷額１位　78.5%（2003年）
みそ生産量１位　38.3%（2003年）
ジュース出荷額１位　17.6%（2003年）
ギター出荷額１位　51.1%（2003年）
顕微鏡・拡大鏡出荷額１位　79.5%（2003年）
日本一たくさん水引をつくる市　飯田市の約70%（2003年）
日本一の木造つり橋　南木曽町の桃介橋は247m

岐阜県

岐阜県は古くから北部を飛騨、南部を美濃といいます。飛騨は山国で、平地は宮川と高原川（これらは富山県で合流し神通川）、庄川沿いにあるだけです。美濃は南に行くほど低くなり、揖斐川、長良川、木曽川がつくる濃尾平野になります。高山盆地を囲む山やまから滋賀県との境にある伊吹山地にかけては雪が多く、東海道新幹線が止まることもあります。高山の周辺は雨雪がそれほど多くなく、気温差の大きい盆地の気候です。美濃の南部は晴天が多く温暖ですが、美濃高原はわりあいに寒冷です。

山深い岐阜県は登山におとずれる人も多く、世界遺産の白川郷、郡上の盆踊り、長良川の鵜飼い、ライン川になぞらえた木曽川の日本ライン、木曽川や揖斐川中流の渓谷、高山の古い町なみや祭り、奥飛騨や下呂の温泉など、奥の深い自然や歴史は観光客をあきさせません。

県土の83%は森林で、その４割は保安林です。長良川の流域や南飛騨地方、美濃高原ではスギやヒノキがつくられています。これらを加工する家具などの木工業、紙パルプ工業もあります。

平野を中心に耕地の78%は田です。ホウレンソウ、トマトなどの野菜、カキなどの果樹、シクラメンなどの鉢ものの生産もさかんです。守口ダイコン、飛騨の赤カブ、美濃茶、岐阜イチゴも有名です。

東美濃では昔からよい粘土がとれ、全国に出荷されています。金銀がとれた神岡鉱山は亜鉛や鉛だけになりましたが、かつてこの鉱山の排水が神通川流域にイタイイタイ病を起こしました。今は古い坑道を利用し、ニュートリノ研究施設・カミオカンデがつくられています。

多くの鉄道、国道に加え、東海北陸・名神・中央自動車道ができたことにより、大垣、羽島、各務原、可児、多治見などは岐阜市とともに名古屋の衛星都市（中京圏）になっていて、団地などがたくさんできています。

これらの都市では工業も中京工業地帯に組みこまれていて、電機、自動車、一般機械などの生産がさかんです。岐阜市の繊維や織物、美濃や多治見の美濃焼やタイルなどの陶磁製品、関を中心とする刃物や洋食器などの金属製品は、伝統的な産業が発展したものです。

一方、美濃和紙、岐阜ちょうちんや和がさ、中津川の曲げもの、飛騨・高山の春慶塗や一位一刀彫など、伝統を守り続ける工芸もたくさん残っています。

データとトピックス

面積　1万209平方キロ㍍（2003年）（7位）
高い山　穂高岳（奥穂高岳）（3190㍍）
長い川　木曽川（227キロ㍍）
人口　211.1万人（2003年）（18位）
人口密度　1平方キロ㍍あたり207人（2003年）（33位）
大きな都市　岐阜市（42.3万人）（2006年）
食料自給率　27%（2003年）（35位）
全事業所にしめる工業の割合1位　18.8%（2003年）
1世帯あたりの預貯金残高2位　2094万円（2001年）
日本一高い陸橋（郡上）　東海北陸自動車道の鷲見橋。橋脚の高さは118㍍（2004年）
日本一広い市　高山市の2179平方キロ㍍（2006年）

わかるかな

「これ、なーんだ？　守口ダイコンっていうダイコン。直径は2,3センチなのに、長いのは2メートルくらいになるらしいよ」
「木曽川の周りでよくつくられているんだけど、元は守口っていうところでつくられていたんだって。守口って、どこだかわかる？ヒントはね、大阪府」
「これをうずまきみたいな粕づけにしたものが岐阜県の南にある県の名物になってるんだ。三重県じゃないよ」

愛知県

犬山
犬山城
入鹿池
岐阜県
ギンナン
江南
一宮
小牧
岩倉
明治村（犬山）
毛織物（一宮）
稲沢
北名古屋
春日井
庄
内
濃
日
尾
平
川
野
美
濃
矢
作
川
三
河
高
パン
清須
名古屋城
尾張旭
瀬戸
瀬戸物
木
光
曽
津島
みそかつ
名古屋
織田信長
豊臣秀吉
アユ
川
愛西
川
日進
愛知池
トヨタ
豊田
香嵐渓
ういろう
熱田神宮（名古屋）
三重県
シロブンチョウ
（弥富町）
名古屋港
豊明
フキ
明
藤前干潟
東海
大府
治
ゲンジボタル
（岡崎）
知多
知立
刈谷
イチジク
用
矢
アナゴ
チュウシャクシギ
知
安城
作
岡
岡崎
徳川家康生誕地
（岡崎城跡）
スギ
ガザミ
カキツバタ
高浜
水
川
崎
てん茶
伊
常滑
半田
多
碧南
平
豊川稲荷
セントレア
（中部国際空港）
矢
作
川
西尾
野
シクラメン
火力発電所
蒲郡
川
用
豊川
半
ウナギ
豊
三河万歳
オオバ
（シソ）
シャコ
三河港
三
エビせんべい
イカナゴ
湾
平
豊橋
橋
勢
島
アサリ
チクワ
豊
河
ノリ
豊橋筆
アジ
アオサ
トラフグ
トマト
田原
タイ
ブロッコリー
島
半
湾
メロン
スズキ
美
キャベツ
渥
アオウミガメ
太
平
洋

わかるかな

「うーん、いい空気。奥三河だもんな。天竜川で川下りをしてから、ここに来たんだよ。こう言えば、ぼくが何県から来たのかわかるよね？」

「佐久間ダムの水は、地下のトンネルを通って宇連ダムがある川まで引かれているんだって。ということは、天竜川の水も、あの半島の先まで行って農業に使われたり、あの市の水道なんかにも使われているってことだな」

愛知県は木曽川、庄内川、矢作川、豊川などがつくる濃尾、岡崎、豊橋の３平野と北東部の美濃三河高原から成り、平野の南には知多半島と渥美半島がのびています。

古くから、矢作川の東を三河、西を尾張といいました。三河の人は質素、尾張の人は派手だといわれ、その文化には今もちがいがあります。天下統一をなしとげた織田信長と豊臣秀吉は尾張、江戸幕府を開いた徳川家康は三河の人です。

美濃三河高原には渓谷、原生林、温泉などが多く、古い祭りや踊りなどもたくさん残っています。三河湾岸や伊勢湾岸は波静かな砂浜が多いのですが、渥美半島の外海側には断崖と荒波、強風にたえる植物群が見られ、がらりと表情がちがいます。

気候は全体に温暖ですが、西部は雨が少なく、東部は高原を中心に雨や雪が多めです。

平野部では古くから稲作がさかんでしたが、水が不足しがちで、ため池が使われていました。明治時代から、明治用水をはじめ豊川、愛知などの用水ができるにしたがって半島部など水利の悪いところも農地になり、さらに農業が発展しました。これらの用水は、今では水道、工業用水にも使われています。

現在は、稲作よりもキャベツ、トマトなどの野菜、名古屋コーチンなどの肉や卵、キク、バラ、シクラメン、ランなどの花、イチジクなどの果物、スギやヒノキの木材などの生産がさかんで、全国有数の産地になっています。

三河湾など大きな内海では、ウナギ、ノリ、アサリなどの養殖、シラス、イカナゴ、トラフグ、シャコ、ガザミなどの漁もさかんです。

工業も昔からさかんで、名古屋の家具や木工、一宮の繊維や織物、瀬戸や常滑の陶磁器、名古屋をはじめとする各地のパン・菓子メーカーには、全国的な企業になっているものもあります。

第二次大戦後には、名古屋港の周辺や南部、衣浦地区（半田、碧南など）、三河港の周辺に臨海工業地域がつくられました。豊田を中心とする自動車工業の発展にうながされ、これらの地域に鉄鋼コンビナートや火力発電所などができるにしたがい、そのほかの工業も発展しました。

この発展は、港湾だけでなく、新幹線、東名・名神高速道路、東名阪自動車道、中央自動車道、名古屋空港などの開通・整備にも助けられたものです。最近、知多半島沖に中部国際空港（セントレア）ができ、中京（名古屋）圏の発展にいっそうはずみがつくと期待されています。

中京圏の都市は、自動車会社の企業城下町である豊田をはじめ、名古屋を中心としながらも独立性が高いのが特徴です。各都市は道路のほか、東海道・中央・関西・高山本線、愛知環状鉄道、名古屋鉄道などで結ばれ、それぞれの個性を保ちつつネットワークをつくっています。

これらの都市での生活は東京風になっていますが、きしめん、ういろう、八丁みそ、みそかつ、ひつまぶしなどの伝統食は元気で、全国に広がっています。抹茶の原料であるてん茶（西尾）、エビせんべい（一色町、美浜町）、五平餅（美濃三河高原地方）なども愛知県らしい産物です。

戦国時代を統一した人物を生んだ愛知県は、東京と京阪神地方にはさまれながらも、独自の文化や産業をはぐくみ発展させてきた強さをもっています。

データとトピックス

面積　5158 平方キロメートル（2003 年）（27 位）
高い山　茶臼山（1415 メートル）
長い川　矢作川（117 キロメートル）
大きなため池　入鹿池（満水面積 183 ヘクタール）
人口　715.8 万人（2003 年）（4 位）
人口密度　1 平方キロメートルあたり 1397 人（2003 年）（5 位）
大きな都市　名古屋市（221.5 万人）（2006 年）
食料自給率　14%（2003 年）（42 位）
キャベツ産出額 1 位　15.4%（2003 年）
フキ産出額 1 位　41.1%（2003 年）
シソ産出額 1 位　67.7%（2003 年）
イチジク産出額 1 位　29.9%（2003 年）
花き生産額 1 位　17.5%（2003 年）
てん茶生産量 1 位　43.75%（2001 年）
でんぷん出荷額 1 位　38.2%（2003 年）
繊維製品出荷額 1 位　15.9%（2003 年）
紡毛服地出荷額 1 位　67.8%（2003 年）
木材・木製品出荷額 1 位　7%（2003 年）
家具・装備品出荷額 1 位　9%（2003 年）
プラスチック製品出荷額 1 位　13.1%（2003 年）
ゴム製品出荷額 1 位　12.4%（2003 年）
衛生陶器出荷額 1 位　46.7%（2003 年）
窯業・土石出荷額 1 位　10.5%（2003 年）
鉄鋼出荷額 1 位　14.1%（2003 年）
ガスこんろ出荷額 1 位　66.8%（2003 年）
電動工具出荷額 1 位　58.0%（2003 年）
家庭用ミシン出荷額 1 位　44.2%（2003 年）
軽・小型乗用車出荷額 1 位　31.9%（2003 年）
普通乗用車出荷額 1 位　62.6%（2003 年）
カーエアコン出荷額 1 位　61.4%（2003 年）
デジタルカメラ出荷額 1 位　30.0%（2003 年）
自動車保有台数 1 位　6.2%（2004 年）
新築住宅の着工数 1 位　6.7%（2004 年）
外国人労働者数 1 位　16.1%（2004 年）

静岡県

静岡県は、赤石山脈（南アルプス）や富士・箱根の山やまが太平洋へと落ちこむ地域に伊豆半島がついた形になっています。平地の少ない県土は急流で分けられ、昔は半島部を伊豆（昔は伊豆七島も伊豆国）、黄瀬川から大井川までを駿河、大井川の西を遠江（遠州）といいました。今もこの３つの地域には、それぞれ特色があります。黒潮あらう沿岸部は温暖ですが、

高山は夏でも残り雪があるほど寒冷です。海風があたる赤石山脈、富士・箱根地方、伊豆半島は雨が多いのですが、遠州灘沿いは雨が少なく、砂丘も見られます。自然林はナラ、クスなど暖地の植物ですが、天竜川流域や伊豆にはスギやヒノキの人工林も見られます。

耕地は県土の１割ほどで水田もありますが、山地でできる茶やミカンなどかんきつ類の栽培がさかんです。伊豆ではワサビの栽培も行われています。花、イチゴ、メロンなどのハウス栽培もさかんです。

駿河湾沖ではカツオ、マグロ、イワシ、サバなどがとれ、焼津には遠洋漁業によるマグロ、カツオが水あげされます。駿河湾のサクラエビ、遠州灘のシラス、浜名湖の養殖ウナギも有名です。港町にはこれらをかつお節などの加工品にする工場がたくさんあります。

西伊豆では珪石がとれ、全国１位のガラス原料の産地です。同じ西伊豆の持越鉱山は金銀がとれなくなり、今は産業廃棄物から金銀を回収しています。

三島や沼津には化学、機械などの工場があります。富士の紙パルプは和紙の伝統をつぐもので、今は輸入木材や古紙が原料です。静岡市の清水は茶の輸出港として発展し、精油、合板、アルミなどの工場があります。静岡市には駿河の名がついた伝統工芸も多く、家具・木工、食品加工が中心です。浜松はオートバイや楽器生産のメッカで、電機・電子、繊維工業もさかんです。湖西には自動車の工場もあります。これらの産業は、いずれも多くのダムの水や電気を利用しています。

伊豆半島は丸ごとリゾート地といってもいいほど宿泊施設や別荘なども多く、変化に富んだ海山の景色、多くの温泉、新鮮な海の幸などを求めておとずれる人が絶えません。

データとトピックス

面積　7780平方キロメートル（13位）
高い山　富士山（3776メートル）
長い川　天竜川（213キロメートル）
大きな湖　浜名湖（65平方キロメートル）（10位）
人口　379.3万人（2003年）（10位）
人口密度　1平方キロメートルあたり518人（2003年）（12位）
大きな都市　浜松市（81.8万人）（2006年）
食料自給率　18%（2003年）（39位）
テングサ類漁獲量１位　32%（2002年）
荒茶生産量１位　45%（2003年）
温室メロン産出額１位　62%（2001年）
ネーブルオレンジ産出額１位　27%（2002年）
水ワサビ産出額１位　57%（2002年）
チンゲンサイ産出額１位　21%（2002年）
ガーベラ産出額１位　33%（2002年）
ピアノ出荷額１位　100%（2002年）
その他の楽器出荷額１位　62%（2002年）
オーディオディスク出荷額１位　65%（2002年）
オートバイ生産量１位　65%（2003年）
印刷用紙(非塗工)出荷額１位　20%（2002年）
プラモデル出荷額１位　89%（2002年）
日本一の強風　富士山頂の最高瞬間最大風速毎秒91メートル（1969年）
日本一深い湾　駿河湾の水深2500メートル
日本一わき水の豊富な川　柿田川の湧水は日量100トン以上
日本一水揚量の多い港　焼津漁港の22万6000トン（2004年）
世界一大きな花時計　伊豆市にある直径31メートル

三 重 県

三重(みえ)県は、櫛田川(くしだがわ)を境に北部、南部に分けることができます。北部のうち鈴鹿(すずか)山脈、布引(ぬのびき)山地の東にある伊勢(いせ)平野は、関西本線、東名阪(とうめいはん)自動車道、近鉄などで名古屋と結ばれ、中京圏(ちゅうきょうけん)の一部になっています。布引山地の西にある上野盆地(うえのぼんち)は京都や大阪(おおさか)との関係が深く、伊賀(いが)や名張(なばり)には住宅団地や工業団地もあります。

南部は紀伊(きい)山地が海に落ちこむ地域(ちいき)で、リアス式海岸になっています。長い砂浜(すなはま)は七里御浜(しちりみはま)しかありません。南部は平地も人口も少なく、世界遺産(せかいいさん)「紀伊山地の霊場(れいじょう)と参詣道(さんけいみち)」にふくまれる熊野古道(くまのこどう)など古来の伝統や自然が豊かに残っています。

北部は上野盆地を中心に雨が少ないのですが、養老(ようろう)山地や鈴鹿山脈にはかなりの雪がふります。伊勢平野は温暖(おんだん)で、たまに雪がふることもあります。南部はサンゴも見られる黒潮(くろしお)あらう南国で、台風などで大雨がふることもよくあります。南部の山は森におおわれていて、高見(たかみ)山地や尾鷲(おわせ)の周辺はスギやヒノキの産地として有名です。

県土の１割ほどの耕地は主に伊勢平野と上野盆地にあり、その８割が水田です。トマト、キャベツなどの野菜もつくられますが、丘陵(きゅうりょう)ではミカン、茶、サツキの栽培(さいばい)や松阪牛(まつさかぎゅう)の肥育(ひいく)などが行われています。

伊勢湾ではイワシ、コノシロ、イカナゴ、カレイ、アナゴなどがとれ、アサリの養殖(ようしょく)なども行われています。南部の漁港では外海でカツオ、マグロ、ブリなどもとります。志摩(しま)では海女(あま)がアワビ、サザエ、イセエビなどをとり、リアス式の湾内では真珠(しんじゅ)、カキ、ハマチ、タイ、アオノリなどの養殖(ようしょく)がさかんです。

工業は北部が中心です。四日市(よっかいち)には日本有数の石油化学コンビナートがあり、四日市ぜんそくや伊勢湾の汚染(おせん)も起こりました。鈴鹿には自動車の工場があり、レース場でも有名です。伊勢平野の北部には自動車の部品や電機・電子、機械などの工場が多く、国道１号、東名阪(とうめいはん)・伊勢自動車道沿いにも工場が広がっています。

しかし、伊勢や熊野の自然や文化こそ、三重県にしかない世界の財産(ざいさん)といえるでしょう。

データとトピックス

面積　5776平方キロ㍍（25位）
高い山　大台ヶ原山（日出ヶ岳）（1695㍍）
長い川　宮川（283キロ㍍）
大きな島　答志島（6.98平方キロ㍍）
人口　186.2万人（2003年）（22位）
人口密度　1平方キロ㍍あたり323人（2003年）（21位）
大きな都市　四日市市（31.1万人）（2006年）
食料自給率　42%（2003年）（26位）
日本最大日降水量　尾鷲の806ミリ㍍（1969年9月26日）
遠洋カツオ一本釣り漁獲量1位　29.6%（2001年）
アオノリ生産量1位　約65%（2002年）
イセエビ漁獲量2位　13.9%（2000年）
サツキ・ツツジ生産量1位　32.2%（2001年）
ろうそく出荷額1位　44.2%（2003年）
陶磁器製台所・調理用品出荷額1位　41.5%（2003年）
錠・かぎ出荷額1位　40.7%（2003年）
自動販売機出荷額1位　27.5%（2003年）
液晶素子出荷額1位　29.7%（2003年）
日本一きれいな1級河川　宮川のBOD平均値0.5（2002年）
日本一の火力発電所（川越町）　川越火力発電所の最大出力は480万キロワット（2002年）

滋賀県

滋賀県は伊吹、鈴鹿、野坂、比良、比叡などの山地が取りまく中に近江盆地と琵琶湖があり、水をたたえた器のような形をしています。県土の２分の１は森林で、６分の１が琵琶湖です。

県の北半分は雪の多い北陸に近い気候で、特に伊吹山地では豪雪がふることがあります。南部は年間を通して雨が少ないのですが、鈴鹿山脈では夏に多量の雨がふります。

これらの山やまから多くの川が琵琶湖に流れこみますが、琵琶湖から自然に流れ出すのは瀬田川だけです。中流が宇治川、下流が淀川とよばれるこの川は、明治時代に鉄道ができるまで京都・大阪と北陸方面を結ぶ水路として大切な役目をしていました。

近江盆地では古代から農業が行われ、たくさんの遺跡が残っています。平地の９割は水田ですが、カブなどの野菜や花の栽培、近江牛の肥育なども行われています。南部の丘陵では茶の栽培、酪農、養鶏などが行われています。信楽の周辺は昔から陶土、陶器の産地ですが、近年は住宅やゴルフ場も多くなっています。

琵琶湖の漁業は昔からさかんで、アユ、フナ、モロコ、マス、シジミ、エビ、コイなどがとられています。琵琶湖だけにしかいない種も多いのですが、最近はブラックバスなど外来の生物が増えて問題になっています。

彦根、長浜などでは昔から織物がさかんで、大正時代に大津や彦根に人工繊維の工場ができました。昭和時代の半ばに名神高速道路ができると、電機、機械、プラスチック、化学などの工場がその沿線に集まるようになりました。名神高速に加えて北陸自動車道、名阪国道などが開通した今では、県全体が京阪神の工業地帯に組みこまれています。

県は東海道線、新幹線、草津線、湖西線などの鉄道でも京阪神と強く結びつけられ、特に南部は通勤・通学圏になっています。また、京阪神の大学や研究機関などの移転も進んでいます。

県内だけでなく京阪神の水道や工業用水も琵琶湖にたよっているので、水位の低下や水質の悪化が心配されています。琵琶湖は環境、産業、生活、観光など、すべてを左右する滋賀県の命といえるでしょう。

データとトピックス

面積　4017平方キロ㍍（2003年）（38位）
高い山　伊吹山（1377㍍）
長い川　野洲川（65.25キロ㍍）
大きな湖　琵琶湖（670.3平方キロ㍍）（1位）
人口　136.6万人（2003年）（31位）
人口密度　1平方キロ㍍あたり354人（2003年）（18位）
大きな都市　大津市（32.7万人）（2006年）
食料自給率　51％（2003年）（21位）
世界最深積雪記録　伊吹山の11.82㍍（1927年2月14日）
自然公園面積の割合1位　37.3％（2004年）
第二次産業就業者率1位　38.8％（2000年）
大学生の増加率1位　233％（1995〜2005年）
アユ苗（稚魚）販売量1位　39％（2000年）
理容用電気器具出荷額1位　67.2％（2003年）
はかり出荷額1位　38.2％（2003年）
鉄骨系プレハブ住宅出荷額1位　18.4％（2003年）
洗髪洗面化粧台（シャンプードレッサー）の普及率1位　68.0％（2004年）
日本一大きなラムサール条約登録湿地　琵琶湖
日本一長いケーブルカー　比叡山の坂本ケーブルは2025㍍
世界一深い湖底遺跡（湖北町）　葛籠尾崎湖底遺跡の水深70㍍
日本一大きな銅鐸（野洲）　大岩山古墳群出土の高さ134.7センチ㍍、重さ45.47キロ㌘

わかるかな

「ぼくがどこにいるか、わかる？　やっぱりわかっちゃうか。借りた服を着たくらいじゃ、すがたを消すのはむりだね」
「目にも止まらぬ早業を身につけるには、まず体力ってことらしい」

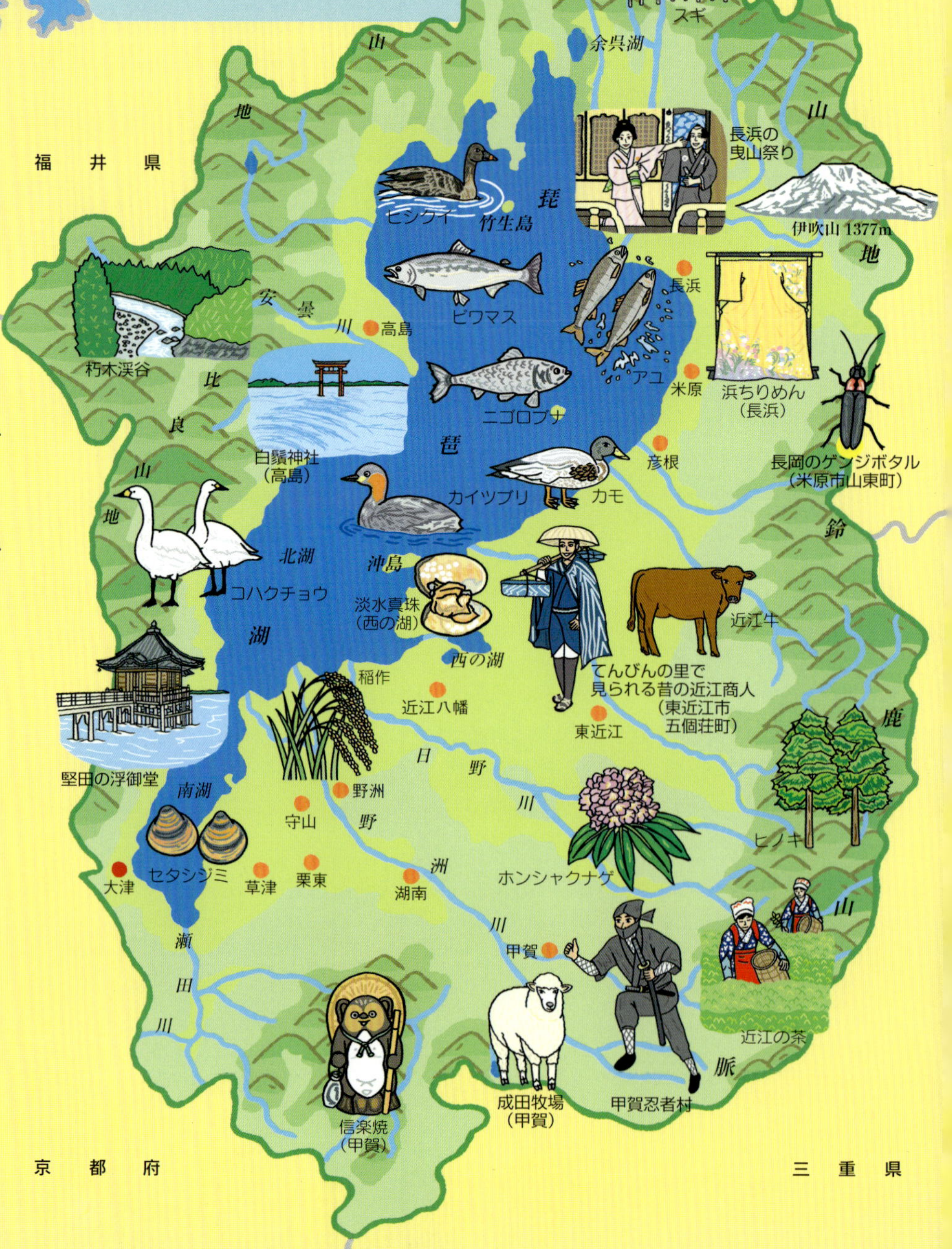

奈良県

奈良県は、吉野川の中流から高見山地にかけての線で南北に分けることができます。北部は西の生駒・金剛山地と笠置山地の間に奈良盆地があり、全体に低いところです。南部は紀伊山地の最も高い部分におおわれ、山を修行の場とする修験道がさかんなところです。

北部はあたたかですが寒暖の差が大きく、雨が少ない土地です。南部は高地が多いため、気温は北部とそれほどちがいません。しかし雨が多く、特に熊野灘の海風が当たる山やまには豪雨がふります。

県土の８割が森林で、吉野川の上流域は昔から吉野スギやヒノキの産地として有名です。また、笠置山地や吉野のウメやサクラも有名です。

古代、大和とよばれた奈良盆地の中央部は沼だったらしく、ここで稲作がされました。雨が少ないため多くのため池がつくられ、今も大和郡山などでは金魚、ニシキゴイ、フナなどの養殖に使われています。

この農業に支えられ、奈良盆地には古墳を残した多くの豪族が現れました。これらを統一した大和朝廷は、飛鳥、藤原、奈良（平城京）などの都をつくり、多くの寺社もつくられていきました。

現在、耕地は県土の6%あまりで、多くが奈良盆地の水田です。奈良盆地では米の裏作に果樹や野菜などをつくり、カキ、スイカ、イチゴなどが有名です。しかし、奈良盆地が京都や大阪などの通勤圏になったこともあり、専業農家はほとんどなくなってしまいました。耕地の利用率も８割ほどになっています。

工業には伝統的なものが多く、みがき丸太、奈良漆器、わりばしなどの木材・木製品、メリヤスやソックスなどの繊維・衣料品、奈良づけ、三輪そうめん、大和茶などの食品があります。

西名阪自動車道などの沿線には工業団地があり、阪神地区から移転してきた工場もあります。そうした工場には電子・情報機器が多く、ほかの機械と合わせると工業出荷額の46%をしめます（2004年）。

しかし、何といっても奈良県は「法隆寺地域の仏教建造物」、「古都奈良の文化財」、「紀伊山地の霊場と参詣道」という３つの世界遺産をもち、どこを歩いても奥深い歴史や文化に出会うことのできる「日本のふるさと」です。

データとトピックス

面積　3691平方キロメートル（2003年）（39位）
高い山　八剣山（仏教ヶ岳）（1915メートル）
長い川　吉野川（194キロメートル）
人口　143.6万人（2003年）（29位）
人口密度　1平方キロメートルあたり389人（2003年）（15位）
大きな都市　奈良市（37.2万人）（2006年）
食料自給率　17%（2003年）（40位）

ソックス出荷額１位　43.1%（2003年）
茶せん生産量１位（生駒）　約90%（2002年）
カキ生産量２位　10.2%（2001年）
ホテル・旅館客室数最下位　8914室（2002年）
日本一金魚を育てている市　大和郡山の年間約8000万びき
日本一広い都市公園　奈良公園の660ヘクタール
日本一長い鉄線つり橋　十津川八瀬つり橋の297メートル

京都府

京都府は北部、中部、南部に分けることができます。それらは古くからそれぞれ丹後、丹波、山城とよばれてきた地域とそれほど大きくちがいません。

北部は山地が海に落ちこむ丹後半島から若狭湾沿いの一帯で、リアス式の海岸など、変化に富んだ景色が楽しめます。宮津湾にある「天橋立」は日本三景の一つで、海流によって運ばれた砂が積もって湾を横切る橋のようになったものです。

中部は丹波高地から兵庫県境までの広い地域で、由良川などが流れる福知山盆地、大堰川が流れる亀岡盆地がふくまれます。大堰川は丹波高地から流れ出し、亀岡盆地からは保津川、京都盆地では桂川と名を変えます。紅葉の季節ともなると、保津川の保津峡やその支流にある瑠璃渓は日本画そのものの美しさです。

南部は京都盆地から南の地域です。京都盆地は、大堰川と同じく丹波高地から流れ出す鴨川（上流は賀茂川といい桂川に合流します）、琵琶湖から流れ出す宇治川（上流は瀬田川といいます）、三重県から流れてくる木津川（上流は伊賀川といいます）によってつくられたもので、これらの川は合流して淀川になります。

京都市の東には、延暦寺のある比叡山、山焼きで有名な大文字山、醍醐寺のある笠取山、金胎寺のある鷲峰山と続く山地があり、先にあげた川とともに、京都の歴史、景観、文化の形成に大きな役割を果たしてきました。

南部、特に桂川のあたりは雨雪ともに少なく、冬の京都盆地では雪も雨もあまりふりません。しかし、寒暖の差は大きく、冬は氷が張るほど冷えこみ、夏には30℃をこえます。

中部は丹波高地を中心に雨雪とも多めで、気温も低めです。盆地では特に寒暖の差が大きく、よく霧が出ます。

山陰地方に近い北部は、季節風がふく秋から冬にかけてはくもりがちで雨雪が多く、山地では1メートル以上の雪がふります。しかし、夏は温暖で晴れの日も多くなります。

奈良盆地に大和朝廷ができたころ、京都盆地にも多くの豪族がいました。特に中国や朝鮮から来た人たちが進んだ文化をもちこみ栄えていました。こうしたことから784年に朝廷は平城京（奈良市）から長岡京に移り、10年後には平安京（京都市）に移りました。それ以来、1868年に東京に移るまで、都といえば京都のことでした。

京都府の大部分は山地です。盆地などにある耕地は7%ほどで、その8割が水田です。残りの2割では、昔から壬生菜、聖護院ダイコンやカブ、賀茂ナス、九条ネギなど特産の野菜がつくられ、京料理には欠かせないものになっています。

茶道の発展とともに歩んできた宇治茶の歴史も古く、今は宇治から和束町にかけて栽培されています。京都盆地の西にある嵐山など丘陵部のタケノコ、丹波地方のクリや黒豆なども有名です。丹波では肉牛の肥育、酪農、養豚、養鶏も行われています。

京都市の北にある鞍馬などの山やまは「北山」とよばれ、昔からスギやヒノキの産地として有名です。日本の林業は輸入材におされていますが、北山スギのみがき丸太は今も高級品として健在です。

舞鶴、宮津などの港では、主に若狭湾のイワシ、アジ、ブリ、カレイ、タイ、イカ、ズワイガニ（マツバガニ）、ワカメなどが水あげされます。久美浜湾ではカキなど、宮津湾ではトリガイなどの養殖も行われています。

わかるかな

「きれいだなあ、シダレザクラ。春に来てよかった。こんな大きな木だと、まるで花の滝だね。風に散る花びらがしぶきみたい」

「このサクラは、だいたい300歳くらいじゃないかって言ってた。木の年齢を正確に調べようとしたら、根元から切らなきゃいけないもんね。どうして切ってみないとわからないか、知ってるでしょ？」

「醍醐寺のサクラもきれいだったなあ。どこにある寺かって？　さがしてみてよ」

「龍安寺の石庭を囲むへいの向こうでも、サクラがさいてたっけ。あのお寺には、いろんなサクラがあって順番にさいていくんだって」

「これから夏になれば、八坂神社のお祭り。葵祭も有名だけど、京都のお祭りっていったらあれだね」

「秋の京都が、またきれいなわけ。この地図にも紅葉で有名な渓谷が3つも画いてある」

「でも、京都府って広いなあ。もうちょっと北に行けば宮津湾や舞鶴湾があるんだけど、こういう湾はもっと大きな湾の中の湾なんだって。なんていう名前の湾か、わかる？」

「宮津湾にある天橋立で口がふさがれちゃったほうは阿蘇海っていうんだよ。湖なのに、海ってわけ。京都府には、砂で口がふさがれちゃった湾がもう一つあるらしい。名前は湾のままなのに、ほんとは湖なんだって。そんな変なの、どこにあるのかな？」

府の南部は、名神・第二名神高速道路、産業道路などができてからその沿線に工場が立ちならぶようになり、阪神工業地帯に組みこまれています。奈良県、大阪府にまたがる関西文化学術研究都市（けいはんな学研都市）はこうした南部開発の一つで、広い自然の中に先端技術の研究所などがつくられています。

また、舞鶴自動車道が通る舞鶴には造船業やガラス工業などがあって、北部最大の都市です。舞鶴自動車道沿線の福知山にも大きな工業団地がつくられ、最新の工場が進出しています。

一方、京都市を中心とする西陣織、京焼、清水焼、京友禅、小紋、指物、せんす、うちわ、漆器、組ひも、仏具、鹿の子、清酒、綾部の黒谷和紙、京丹後の丹後ちりめんなど、伝統工芸も元気です。

京の町は第二次大戦でも爆撃を受けず、世界遺産「古都京都の文化財」、ゆかしい町なみ、平安時代から続く葵祭の牛車など多くのものが残りました。それらは内外から多くの人をひきつけ、観光が一大産業になっています。京都がいつまでも京都らしくあることは、世界の願いといえるでしょう。

データとトピックス

面積　4613平方キロ㍍（2003年）（31位）
高い山　皆子山（971.5㍍）
長い川　由良川（146キロ㍍）
大きな湖　久美浜湾（7.2平方キロ㍍）
人口　264.1万人（2003年）（13位）
人口密度　1平方キロ㍍あたり572.7人（2002年）（10位）
大きな都市　京都市（147.1万人）（2006年）
食料自給率　13%（2003年）（43位）
金銀糸生産量1位　約80%（2003年）
ネクタイ出荷額1位　22.4%（2003年）
ちりめん類（小幅のもの）出荷額1位　63.1%（2003年）
うちわ・せんす出荷額1位　46.7%（2003年）
マネキン人形、人台出荷額1位　12.6%（2003年）
国宝の数1位　225件（2003年）
重要文化財の数1位　232件（2003年）
特別史跡名勝の数1位　14件（2003年）
大学の数1位　10万人あたり10.6校（2002年）
リサイクル率最下位　7.3%（2002年）
世界一大きな日時計　けいはんなプラザにある3878平方㍍の日時計

大阪府

データとトピックス

面積　1894平方キロ㍍（2003年）（46位）
高い山　金剛山（1125㍍）（山頂は奈良県。大阪府の最高点は中腹の1056㍍）
低い山　大阪市の天保山（4.5㍍）
長い川　淀川（75キロ㍍）
人口　881.6万人（2003年）（2位）
人口密度　1平方キロ㍍あたり4655人（2003年）（2位）
大きな都市　大阪市（262.9万人）（2006年）
食料自給率　2%（2003年）（46位）
衣服出荷額1位　11.8%（2003年）
金属製品出荷額1位　11.4%（2003年）
じゅうたん・だん通出荷額1位　68.7%(2003年)
綿織物製下着出荷額1位　23.5%（2003年）
その他繊維製下着出荷額1位　26.9%(2003年)
医薬品製剤出荷額1位　14.7%（2003年）
日本最古・最大級の埴輪工場のあと　高槻にある今城塚古墳附新池埴輪製作遺跡
日本一毛布をつくる市　泉大津の98%(2002年)
日本一ウナギの蒲焼を食べる市　大阪市の年間支出額1907円（2000～2002年）
日本一長い商店街　天神橋筋商店街の2.6キロ㍍
世界で初めてインスタントラーメンができた市　池田（1958年）

大阪府の大部分は、淀川、大和川などの本流や支流が運んだ土砂でできた大阪平野です。大阪市が「水の都」とよばれ、低地や水路が多いのもそのためです。この平野部を、北は高原状の山やま、東は生駒山地と金剛山地、南は和泉山脈が囲んでいます。

平野部は温暖で雨雪とも少なく、特に夏はあまり雨がふりません。風は海からふくことが多いのですが、夏の朝夕は風がやんでいっそう暑くなります。この風と地形から、沿岸部の工場のけむりが平野の上空にたまりがちです。周囲の山地は高くなるほどすずしく、冬に氷が張るところもあります。

古代の大阪では、海や川に近い湿地から稲作が始まりました。ため池がつくられるようになると稲作は平野全体に広がっていき、豊かな富をもつ人びとが現れました。

羽曳野に誉田山古墳（応神天皇陵といわれる）、堺に大山古墳（仁徳天皇陵といわれる）などが残っているのでもわかるように、大和朝廷は大阪・京都・奈良平野に現れた多くの豪族をしたがえる大豪族でした。

朝廷などは中国、朝鮮との貿易や交通に大坂（難波）の港を使いました。大坂から京都などまで淀川（宇治川、瀬田川）を使って船で行き来ができ、瀬戸内海に開けていたからです。

室町時代からは堺の港が使われるようになりましたが、江戸時代になると幕府は西日本の物産を江戸に運ぶため、大坂の港や町を整備しました。こうして「商人の町」ができていったのです。

これによって工業もさかんになり、大阪市の薬、繊維、服飾、家具、堺の刃物、織物、線香、和泉の綿、東大阪の針金、八尾の染色、池田の酒など、伝統を生かした産業が発展しました。

明治時代になると、新政府は大阪市に貨幣、兵器、繊維などの工場をつくりました。江戸時代から続く豪商なども繊維や雑貨などの工場を次つぎにつくり、大阪はそれらの輸出で栄えました。

大正時代から昭和にかけては、淀川沿いや沿岸部に武器や重化学の工場もたくさんつくられました。しかし、第二次世界大戦でアメリカ軍の爆撃を受け、軍需工場があるところだけでなく、主な都市はほとんど破壊されてしまいました。

戦後、大阪は復興しましたが、それとともに中心部の工場は周辺の都市に移っていきました。また、堺やその南の泉北地域に臨海工業地帯がつくられると、重化学工業の中心も南に移りました。

その後も各地に工業団地が整備され、岸和田には衣料、家具、機械など、枚方には鉄工、金属など、八尾には電器、印刷、菓子などの工場が集まっています。

泉大津から泉南にかけては、タオル、下着、じゅうたんなどの工場が集中し、日本有数の繊維工業地帯になっていますが、それもこのような歴史によるものです。

また戦後、門真や守口などには日本を代表する電器メーカーが本社を置き、発展しました。今では豊中、茨木、高槻などのほか、他県や海外にも多くの工場をもっています。こうして大阪府は阪神工業地帯の中心地としてよみがえりました。

産業の発展とともに人口が増加したため千里ニュータウン（豊中、吹田）をはじめ、郊外の各市に大きな住宅団地が次つぎにつくられました。今では周囲の県や京都府まで通勤圏になっています。

通勤などには、東海道、関西、片町、阪和、南海、阪急、近鉄、阪神、京阪、大阪環状の各線や地下鉄などが使われています。新幹線で東京や福岡などに日帰り出張する人もめずらしくありません。

京阪神の企業や工場は三大環状道路、十大放射道路など多くの国道や府道によって結ばれ、名神・阪神高速道路、西名阪・近畿・阪奈・中国自動車道などで全国にもつながっています。遠距離の交通や貿易には、大阪港、堺泉北港、阪南港などのほか、大阪国際空港、関西国際空港も使われています。

この工業化、都市化によって農地、特に水田が減りました。稲作のほかには、県下一円でシュンギク、堺でミツバ、和泉でタマネギ、ミカン、キャベツ、富田林でナス、柏原でブドウ、池田で盆栽や植木、八尾でキク、藤井寺でイチジクなどがつくられています。

林業は北部丘陵でナラやクヌギを使って炭やキノコがつくられている程度です。

漁業は南部の港で行われていますが、大阪湾や瀬戸内海の汚染もあっておとろえています。ため池を利用し、釣堀用のフナなどの生産も行われています。

これらに対して、商業はとてもさかんです。大阪市・道修町の薬、丼池筋や南久宝寺町の繊維、御蔵跡町のはきもの、日本橋の電気器具、松屋町の人形や菓子などの問屋街は有名で、こうした問屋から大商社になった企業もあります。大阪の商業は卸売の比重が大きいのが特徴ですが、これも江戸時代からの伝統です。

小売業は、大阪駅近くの梅田から東の天神橋筋商店街まで（キタ）と、梅田から御堂筋を南に行った心斎橋、道頓堀、難波のあたり（ミナミ）が中心です。「ミナミ」には飲食店なども多く、「食いだおれ」といわれる大阪らしいところです。さらに南にある通天閣の周辺は「新世界」とよばれ、ここも盛り場になっています。

大阪はさまざまな面で東京の影響を受けていますが、「なにわっ子」の伝統への愛着は強く、大阪弁はもちろん、文楽、歌舞伎、漫才、粟おこしなどの菓子、タコ焼き、てっさ、箱ずしなど、大阪らしいものがたくさん残っています。

商売の神をまつる今宮戎神社の宵戎（大

阪）、大阪天満宮の天神祭、だんじり祭（岸和田）など、古くからの行事もさかんで、今も昔の商人たちの心意気を伝えています。
大阪府は事業所数、従業員数、商店数などでも東京都に次ぎ（2006年）、東京に追いつこうという気持ちは強いのですが、大阪らしさを守っていこうとする気持ちも強いのです。

わかるかな

「うーん、よだれが出そう。大阪の〈食いだおれ〉っていうのは、食べることにお金を使いすぎてビンボーになるってことらしいけど、わかるなあ。次に食べるのは、どれがいいと思う？　この絵の中の料理なら」
「大阪の〈食いだおれ〉に対して、京都は〈着だおれ〉っていうくらい着るものにお金をかけるらしい。京都のところに、そんな絵があったかな？」
「大阪には、おいしい料理ができそうなものもいっぱいあるね。そのまま食べたり飲んだりするのもいいけど、料理に使えるものもずいぶんあるなあ」

和歌山県

和歌山県のほとんどは紀伊山地が海に落ちこむ地域で、６割が山地です。平地は紀ノ川がつくる和歌山平野のほかは、リアス式や段丘になった海岸、川沿いなどに少しあるだけです。

和歌山平野から白浜町あたりまでの沿岸部は雨が少ないのですが、しめった海風が当たる紀伊山地、特に南部の高地は台風などで豪雨がふるところです。沿岸部は真冬でも温暖で、氷が張ることはあまりありません。山地では思わぬ寒さになることもあります。

県は昔から「木の国」とよばれ、今も８割近くが森林です。那智原始林のような照葉樹林も残っていますが、早くから植林が進み、６割はヒノキ、スギの人工林です。そのため木材の利用がさかんですが、最近は輸入材が９割をしめ、炭やキノコの生産が多くなっています。

耕地は県土の８％ほどで、その４割が和歌山平野にあります。耕地の６割は果樹畑で、有田川や紀ノ川流域のミカン、ハッサク、モモ、カキ、みなべ町のウメ、那智勝浦町のポンカンやユズが有名です。養鶏もさかんで、和歌山市周辺ではタマネギ、御坊付近では切り花やサヤエンドウなどもつくられています。

リアス式海岸には漁港が多く、太地港はクジラとりで有名でしたが捕鯨の禁止でおとろえています。今は勝浦、串本、田辺などの港に、マグロ、タチウオ、イセエビ、イカなどが水あげされます。川や湖などでのアユの養殖もさかんです。

工業は伝統的なものが多く、和歌山市の家具、建具、ニット、メリヤス、海南の漆器やタワシ、有田のかとり線香、みなべ町の梅ぼし、田辺のボタンや材木などが有名です。和歌山市から海南にかけての臨海工業地帯には石油、化学、鉄鋼、機械などの工場があり、阪和自動車道の開通で大阪との関係が深まっています。

しかし、県民の高野山や熊野三山（熊野本宮大社、熊野速玉大社、熊野那智大社）を思う気持ちは強く、京阪とはちがう伝統や自然を生かす努力がされています。

データとトピックス

面積　4726 平方キロメートル（2003 年）（30 位）
高い山　護摩壇山（1372 メートル）
長い川　紀ノ川（136 キロメートル）
人口　105.6 万人（2003 年）（39 位）
人口密度　1 平方キロメートルあたり 223 人（2003 年）（30 位）
大きな都市　和歌山市（37.4 万人）（2006 年）
食料自給率　30%（2003 年）（34 位）
ウメ生産額１位　58.1%（2001 年）
カキ生産額１位　18.3%（2001 年）
ハッサク生産額１位　59.0%（2001 年）
サヤエンドウ生産額１位　15.1%（2001 年）
スターチス切り花出荷額１位　31%（2001 年）
タチウオ漁獲量１位　21.5%（2002 年）
綿丸網ニット生地出荷額１位　41.7%（2003年）
汚水処理施設整備率最下位　29.2%（2002 年）
日本一サイコロや碁石をつくる市　御坊市はサイコロの８割、碁石の６割をつくる（2003 年）
日本一落差のある滝　那智滝の133メートル
日本唯一の飛び地の村　北山村（2006 年）

兵庫県

兵庫県は中国山地の東部と丹後山地で南北に分けられます。北部は山地が海に落ちこむ美しい海岸が続きますが、冬はくもりがちで高地では雪が多くふります。南部は西に播磨平野が広がり、東に六甲山地があります。神戸などは海がせまる山すそにあるため、山をけずってさかんに埋立地がつくられました。南部の低地は雨が少なく、冬も温暖で晴れが続きます。篠山盆地などは冬の寒さがきびしく、夏は暑くなります。瀬戸内海には洲本平野をもつ淡路島があり、その南半は冬でも花がさきます。

日本海と瀬戸内海に面する長い海岸線には多くの漁港があり、ハタハタ、シラス、アナゴ、ノリ、ホタルイカ、タコ、スズキ、イカナゴ、ズワイガニ（マツバガニ）、タイなどは全国有数の産地です。

県土の１割未満の耕地は９割が水田で、養鶏もさかんです。淡路島のレタス、花、タマネギ、篠山盆地などの但馬牛、黒豆、クリは有名です。県土の７割は林野で、北部や篠山地方にはスギやヒノキの美林がありますが、林業はふるいません。

工業は幕末（1867年）の神戸開港に始まります。外国人貿易商などが神戸に住んで造船業が興ると、尼崎などに鉄鋼業が立地し、機械産業なども集まって阪神工業地帯の一角が形づくられていきました。

第二次大戦後の復興は急で、1956～1999年まで造船業は世界一でした。そこで鉄鋼、電機、機械などの工場は広い播磨平野や淡路島に移転していきました。山陽自動車道、神戸淡路鳴門自動車道の開通後は、その沿線にさらに工場が進出しています。

伝統的な産業では、灘（神戸）の酒、小野や三木の刃物や金物、姫路の皮革、豊岡のカバン、たつのの手延そうめん、篠山の立杭焼などが有名です。

異国情緒とファッションの神戸、温泉と歌劇の宝塚、世界遺産の姫路城、海岸美の日本海沿岸など観光地が多く、商業、サービス業、食品加工業もさかんです。県は1994年の阪神・淡路大震災で大きなダメージを受けましたが、ボランティア活動などで人びとのきずなは強まっています。

データとトピックス

面積　8393平方キロﾒｰﾄﾙ（2003年）（11位）
高い山　氷ノ山（須賀ノ山）（1510ﾒｰﾄﾙ）
長い川　加古川（96キロﾒｰﾄﾙ）
人口　558.5万人（2003年）（8位）
人口密度　1平方キロﾒｰﾄﾙあたり665人（2003年）（8位）
大きな都市　神戸市（152.5万人）（2006年）
食料自給率　15%（2003年）（15位）
ノリ収穫量1位　18.3%（2001年）
肉製品出荷額1位　11.1%（2003年）
マーガリン出荷額1位　37%（2003年）
清酒出荷額1位　27.2%（2003年）
野球・ソフトボール用品出荷額1位　25.6%（2003年）
ボランティア活動団体数1位　6631団体（2002年）
世界一長いつり橋　明石海峡大橋の主塔間1991ﾒｰﾄﾙ

鳥取県

データとトピックス

面積　3507 平方キロ㍍（2003 年）（40 位）
高い山　大山（1729 ㍍）
長い川　日野川（77 キロ㍍）
大きな池　湖山池（6.8 平方キロ㍍）
人口　61.1 万人（2003 年）（最下位）
人口密度　1 平方キロ㍍あたり 174 人（2003 年）（38 位）
大きな都市　鳥取市（20.0 万人）（2006 年）
食料自給率　62%（2003 年）（16 位）
日本ナシ生産量 1 位　11.7%（2001 年）
ベニズワイガニ漁獲量 1 位　21.9%（2002 年）
交通事故件数最下位　3172 件（2001 年）
日本一チクワを食べる市　鳥取市の年間 5313 円（2003 年）

鳥取県は中国山地の北側がなだらかに日本海に入っていくところにあり、東は氷ノ山などの山地、西は船通山などの山地と中海が県境になっています。海辺には、浦富海岸の奇岩や島じま、鳥取砂丘をはじめとする砂丘群、海が砂丘に閉じこめられた池や湖がならんでいます。

千代川が鳥取平野を、天神川が倉吉平野を、日野川が米子平野をつくっていますが、どれも海と山にはさまれた細い帯のような平野です。

天候は、冬にくもりの日が多い山陰式です。平野部は温暖で雨雪とも少なく、夏はとても暑くなることがあります。冬の大山や氷ノ山などの高地では雪が多く、スキー場もたくさんあります。

県土の 7 割以上が森林です。千代川の本流や支流域は昔からスギやヒノキの産地で、カキの産地にもなっています。自然林はナラ、クヌギ、ブナなどで、古くから木炭や和紙に使われてきました。今はシイタケなどの栽培にも使われます。

耕地は 1 割ほどで、その 6 割が平野部の水田です。残りの 4 割は山地や砂丘にあり、中国山地の山すそにはナシ畑が東西に帯のように広がっています。「二十世紀」などの日本ナシは鳥取県の特産物ですが、ほかに北条砂丘のスイカ、鳥取砂丘のナガイモやラッキョウ、米子平野のネギなどが有名です。酪農や養鶏なども行われています。

隠岐諸島の周辺は良い漁場で、境港ではサバ、イカ、ズワイガニ、アジ、イワシ、マグロなどが水あげされます。鳥取市など東部にある漁港ではズワイガニ、カレイ、タイなどが主です。

工業は鳥取市、それに米子から境港にかけてが中心です。鳥取市は電子・電機、金属、繊維工業がさかんで、鳥取空港など交通が整備されたこともあって、液晶ディスプレイ、ハードディスクなどは日本有数の生産地になっています。

米子から境港にかけては、水産物などの加工、紙パルプ、電機が主で、米子空港、米子自動車道、山陰本線や境線の高速化によって中国や韓国との貿易基地にもなっています。また、境港には伝統の弓浜絣も残っています。

鳥取県には美しい海岸や砂丘、湖だけでなく、大山などの名山、石霞渓などの渓谷、三朝温泉などの名湯、三徳山投入堂などの寺院と、多くの見所や海山の幸があり、交通も便利になってアジアからも多くの観光客がおとずれます。

島根県

島根県は、中国山地などに囲まれた地域と隠岐諸島などから成っています。斐伊川は出雲平野をつくって宍道湖に注ぎ、さらに松江平野を通って中海へと入り、県境の境水道から日本海に注ぎます。中国地方一長い江の川は、平野らしい平野をつくりません。

全体に冬はくもりがちですが、南西部は日差しにめぐまれ雨も少なめです。雨や雪は高地に多く、浜田の山側にはスキー場もいくつかあります。

県土の８割は森林で、広葉樹にマツが混じります。広葉樹は昔から木炭や和紙に使われてきました。今は紙パルプ、シイタケ栽培などにも使われています。一部、クリ畑になっているところもあります。

出雲平野を中心に、耕地の 75%は水田です。そのほか肉牛の肥育、キャベツ、ホウレンソウなどの野菜、ブドウや西条カキなどの果物、ボタン（松江の大根島）などの花の栽培もさかんです。

隠岐島の周辺には良い漁場があり、松江、出雲、大田、浜田、益田などにある港に、イワシ、アジ、サバ、イカ、ブリ、トビウオなどが水あげされます。ズワイガニは鳥取県とともに特産物になっています。

川と海の水が混じる宍道湖や中海はシジミで有名です。一時は干拓で湖が死ぬと心配されましたが、計画は中止されました。島根半島のワカメ、隠岐のアワビやイタヤガイなど、養殖もさかんです。

山陰自動車道が松江市まで通じましたが、宍道湖の南に電子工業が進出したくらいで工業化はあまり進んでいません。安来の鉄鋼や金属、出雲の繊維、江津の製紙、益田の繊維や木工などが主なもので、雲州そろばん、瓦、陶器といった伝統工業もあります。

島根半島の砂浜と断崖、隠岐のリアス式海岸、宍道湖や中海、千丈渓など美しい自然が多く残り、出雲大社、松江城、隠岐の流刑地、益田の万福寺や医光寺の庭園、津和野の城下町など、歴史をしのばせるものもたくさんあります。出雲大社は伝統行事の宝庫でもあり、観光が大事な産業になりつつあります。

データとトピックス

面積　6707 平方キロメートル（2003 年）（18 位）
高い山　恐羅漢山（1346 メートル）
長い川　江の川（149 キロメートル）
大きな島　隠岐島後（241.6 平方キロメートル）
大きな湖　宍道湖（79.1 平方キロメートル）（7 位）
人口　75.3 万人（2003 年）（46 位）
人口密度　1 平方キロメートルあたり 112 人(2003 年)(44 位)
大きな都市　松江市（19.3 万人）（2006 年）
食料自給率　63%（2003 年）（15 位）
自然海岸率３位　76.5%（2001 年）
シジミ漁獲量１位　43.1%（2003 年）
ベニズワイガニ漁獲量１位　23.3%（1999 年）
そろばん生産量１位　約 70%（2002 年）
65 歳以上の人の割合１位　24.8%（2000 年）
社会福祉費１位　1 人あたり年間 5 万 6000 円(1999 年)
土木費１位　1 人あたり年間 35 万 3300 円（1999 年）
救急自動車数１位　10 万人あたり 9.2 台（2000 年）
日本一高い海食崖　隠岐西ノ島にある海食崖の 257 メートル
日本一ボタンをつくる町　八束町（大根島）の年間約 180 万本（2002 年）
日本一干しカレイをつくる市　浜田の約 50%(2002 年)
日本一多くの銅剣が発見された遺跡　斐川町にある荒神谷遺跡の 358 本（2004 年）
日本一多くの銅鐸が発見された遺跡　雲南市にある加茂岩倉遺跡の 39 個（2004 年）
日本一高い灯台(出雲)　日御碕灯台の 43.65 メートル(2004 年)
世界一の砂時計（大田）　仁摩町の 1 年砂時計で、砂の重さだけでも 1 トン（2004 年）

岡山県

岡山県は、中国山地の南に津山盆地などの盆地群、その南に吉備高原、その南に岡山平野が帯のようになってあります。瀬戸内海には塩飽諸島の一部や日生・笠岡諸島があります。岡山平野は吉井川、旭川、高梁川などがつくったもので、海沿いには多くの干拓地、埋立地があります。

中国山地にはスキー場もありますが、雨雪は低くなるほど少なくなります。平野部はあたたかで、雨が少ないところです。特に冬から春にかけては晴天が続き、夏の夕方は風がやんでとても暑くなります。

耕地は県土の１割ほどで、多くは水田です。ほかには岡山平野一帯のモモ、岡山市のブドウ、ナス、マッシュルーム、西部のイグサ、吉備高原のハクサイ、東北部の黒豆、旭川流域のシイタケなどがあります。林業はふるいませんが、吉備高原のマツタケ、コウゾやミツマタ（和紙の原料）などは有名です。

漁業は埋立地などの影響を受け、日生（備前）、寄島（笠岡）などの港でとれるシタビラメ、タコ、アナゴ、タイ、サワラなどが県内で消費される程度です。最近は、カキやノリなどの養殖に力が注がれるようになりました。

阪神工業地帯に近いうえ、山陽・瀬戸中央・岡山・中国自動車道、岡山港、水島港、岡山空港などがあって、瀬戸内工業地帯の中心になっており、中国地方の一大物流基地にもなっています。

岡山市に岡南工業地帯、倉敷に水島臨海工業地帯があるほか、総社に自動車工業、玉野に造船業、備前に備前焼とレンガ工業、笠岡に製鉄業、井原や倉敷に学生服やジーンズなどの縫製業があります。最近は電子工業などの先端産業もさかんです。

多数の古墳が残る岡山県は昔から鉄、塩、米の産地で、山陽道や瀬戸内海交通の中心でした。人びとには進んで新しいものを取り入れる気持ちが強く、法然、栄西、雪舟など、多くの人材が育ちました。岡山藩営の閑谷学校などはそのなごりで、明治時代に紡績業で工業化の基礎をつくった大原父子が私財を使って学問・文化の発展につとめたのは有名です。

その歴史を残す倉敷の町なみ、日本のエーゲ海ともいわれる牛窓地区、石灰岩台地に見られる奇岩や鍾乳洞、多くの牛が草を食む蒜山高原、県北の山をきざむ渓谷や滝など、美しい景観もたくさん見ることができます。

データとトピックス

面積　7009平方キロメートル（2003年）（15位）
高い山　後山（1345メートル）
長い川　旭川（142キロメートル）
人口　195.3万人（2003年）（21位）
人口密度　1平方キロメートルあたり279人（2003年）（25位）
大きな都市　岡山市（66.9万人）（2006年）
食料自給率　41%（2003年）（27位）
降水量1ミリ未満の日数1位　276日（1971～2000年の平均）
塩の出荷額1位　23.9%（1999年）
温室ブドウ生産量1位　93.0%（2002年）
白桃生産量1位　57.2%（2002年）
黒豆（丹波黒）作付面積1位　28.0%（2002年）
ジャージー牛の頭数1位　35.7%（2002年）
その他の耐火れんが出荷額1位　37.6%（2003年）
活性炭出荷額1位　29.3%（2003年）
事務用・作業用・衛生用衣服出荷額1位　29.1%（2003年）
成人男子・少年用学校服上衣・オーバーコート類出荷額1位　76.2%（2003年）
麦わら・パナマ類帽子、帽体出荷額1位　42.7%（2003年）
光ファイバー網整備率1位　97.5%（2003年）
日本一大きな人工湖　児島湾を閉め切った児島湖の1100ヘクタール
日本一大きな反射望遠鏡　岡山天体物理観測所にある望遠鏡の口径188センチメートル

広島県

広島県の地形は階段のようになっていて、中国山地の下に吉備高原などがあり、その下に芦田川がつくる福山平野、太田川がつくる広島平野などの低地があります。瀬戸内海には芸予諸島をはじめ138の島じまが散らばっています。雨雪の量も地形によって、ほぼ3段階になっています。高地にはスキー場もありますが、低くなるほど温暖で晴天が多くなります。県土の7割は林野で自然林が多く、低地はクスなどの照葉樹、それ以上はブナなどの落葉樹です。アカマツなどの人工林もあり、三原の北にある世羅町のアカマツ林ではマツタケが特産になっています。耕地は7%ほどで、その7割が水田です。ほかに広島市の菜やタマゴ、尾道や三原のワケギ、島などのかんきつ類、吉備高原のコンニャク、高原や盆地でのニワトリ、ウシ、ブタの飼育などがあります。

工業は明治時代に海軍造船所が呉にできたことに始まり、今もさかんです。福山に鉄鋼、電機・電子、食品、造船、機械など、三原に繊維、機械、電子など、呉に鉄鋼、造船、機械、製紙など、広島市に自動車、半導体、機械、食品、塗料など、大竹に製紙、化学、繊維などの工場があります。山陽・中国自動車道の沿線には、電機・電子、鉄鋼、機械、先端技術の工場や研究所が進出しています。

広島市のぬい針や仏壇、広島と呉の間にある熊野町の筆、呉のヤスリ、福山の琴やげた、府中のたんすや備後絣、東広島の酒、廿日市の宮島細工など、伝統的な産業も元気です。

広島で有名なのは、入り組んだ波静かな内海を使ったカキ養殖です。イワシ、タイ、アナゴなどの沿岸漁業も行われていますが、ノリ、ハマチ、タイ、フグ、ヒラメなどの養殖もさかんです。

世界遺産「原爆ドーム」も有名です。第二次大戦で原子爆弾が投下されたとき、広島市には多くの軍需工場とともに軍司令部がありました。産業奨励館だった建物も一瞬であのすがたになり、20万人以上の死者を出しました。人類にとってわすれてはならない原爆体験です。

平清盛が氏神とした「厳島神社」も世界遺産になっています。厳島（宮島）は古代から神としてあがめられていて、日本三景の一つにも数えられています。

そのほか帝釈峡、三段峡、古都・尾道、尾道から島をつないで愛媛県へと入る瀬戸内しまなみ海道など多くの美しい景色があり、観光客をひきつけてやみません。

データとトピックス

面積　8478平方キロメートル(2003年)(10位)
高い山　恐羅漢山（1346メートル）
長い川　太田川（103キロメートル）
人口　287.8万人（2003年）（12位）
人口密度　1平方キロメートルあたり339人（2003年）（20位）
大きな都市　広島市(115.4万人)(2006年)
食料自給率　25%（2003年）（36位）
養殖カキ収穫量1位　48.6%(2003年)
マツタケ生産量1位　32.3%(2001年)
レモン生産量1位　63.6%（2001年）
ワケギ生産量1位　47.7%（2000年）
筆生産量1位　約80%（2001年）
琴生産量1位　約70%(2001年)
ぬい針、ミシン針出荷額1位　14.4%（2003年）
やすり出荷額1位　67.5%（2003年）
げた生産量1位　約60%（2001年）

山口県

山口県には約240の島があり、海に囲まれています。東には中国山地西端の山やまがあり、それが段をつくりながら海に向かって低くなります。石灰岩台地の秋吉台はその中ほどにあり、その下に山口盆地があります。雨雪の量や気温も地形の段差によって変わります。海風のせいで全体に雨は多めですが、低地で0℃以下になることはめったにありません。

県土の7割が林野ですが、林業は低調です。耕地は8.5%ほどで、その8割が水田です（2003年）。都市の近くや島などでは、山口牛の肥育や養鶏のほか、レンコンなどの野菜、イヨカンなどの果物がつくられています。

大陸に近いため古くから朝鮮や中国と関係が深く、山口の港は貿易で栄えました。江戸時代には米、塩、紙、ろう、なたね、綿、藍、絹などがさかんにつくられ、鎖国にもかかわらず貿易が行われました。そうして得られた富と知識が幕府をたおし明治政府をつくる力になったのです。

第一次大戦では、岩国、下松、周南、防府、宇部、下関に軍需工場がつくられました。宇部や山陽小野田は石炭の産地になり、石油、金属、機械工業も発展して瀬戸内工業地帯に加わりました。

第二次大戦後には、南東部に周南石油化学コンビナートがつくられました。今では岩国に化学、紙パルプ、繊維、光に機械、鉄鋼、薬品、下松に車両、鋼板、石油、周南に化学、鉄鋼、防府に自動車、タイヤ、肥料などの工場があります。宇部や山陽小野田では石炭のかわりに塩を原料とするソーダ工業、石灰石を原料とするセメント工業が行われています。

下関には金属、ゴム、鉄鋼、造船、化学などの工業がありますが、長門とともに漁業もさかんです。日本海、瀬戸内海、黄海、東シナ海などでアジ、イワシ、イカ、サバ、ヒラメ、ブリ、フグなどをとり、アマダイ、アンコウ、サザエ、アワビなどは有数の産地です。ワカメの養殖もされ、カマボコ、ウニ、フグ、メンタイコなどの水産加工もさかんです。

防府など瀬戸内海側でも漁業がさかんで、ハモ、アナゴ、タイなどが代表的なものです。山口市ではクルマエビ、宇部ではノリの養殖なども行われています。

萩は焼物で知られますが、吉田松陰が塾を開き明治維新の志士を育てたことでも有名です。県民の教育熱心は今も変わりません。伝統工芸としては、山口市の大内塗、下関の赤間硯などもあります。

大陸への窓口であった長い伝統は、山口市の瑠璃光寺、岩国の錦帯橋、防府の毛利氏庭園や天満宮、萩や柳井の町なみなど多くの遺産となり、秋芳洞、青海島、俵島、長門峡などの自然も内外から観光客を集めています。

データとトピックス

面積　6111平方キロ㍍（2003年）（22位）
高い山　寂地山（1337㍍）
長い川　錦川（331.8キロ㍍）
人口　151.2万人（2003年）（25位）
人口密度　1平方キロ㍍あたり247人（2003年）（28位）
大きな都市　下関市（29.1万人）（2005年）
食料自給率　34%（2003年）（31位）
ウニ塩辛生産量1位　289トン（2003年）
フグ製品生産量1位　2362トン（2000年）
アマダイ漁獲量1位　386トン（2003年）
アンコウ漁獲量1位　645トン（2004年）
江戸時代の官学の数1位　19ヶ所
日本一大きなカルスト台地　秋吉台の約450平方キロ㍍

徳島県

データとトピックス

面積　4145 平方キロメートル（2003 年）（35 位）
高い山　剣山（1955 メートル）
長い川　吉野川（194 キロメートル）
大きな島　鳴門の大毛島（7.23 平方キロメートル）
人口　81.7 万人（2003 年）（44 位）
人口密度　1 平方キロメートルあたり 197 人（2003 年）（35 位）
大きな都市　徳島市（26.7 万人）（2006 年）
食料自給率　47%（2003 年）（24 位）
スダチ生産量 1 位　100%（2002 年）
養殖アユ出荷量 1 位　約 40%（2003 年）
サツマイモの年間消費量 1 位　7815 グラム（1999 年）
日本一大きな絶壁（三好）　西祖谷山村の竜ヶ岳にある高さ約 400 メートル、幅約 4000 メートル
日本一長い林道　剣山スーパー林道の 87.7 キロメートル（2003 年）
日本一大きなエノキ（つるぎ町）　一宇村にある高さ 18 メートル、幹周り 8.7 メートル

徳島県は 8 割が山地です。讃岐山脈と剣山地の間には吉野川が流れて徳島平野をつくり、その南の勝浦川、那賀川、海部川も小さな平地をつくっています。これらの川にはアユが多く、養殖もされています。剣山地から北は晴天が多く、夏は暑くなります。南部はとても雨が多くて気温も高いのですが、剣山にはスキー場もあります。

自然林の広葉樹は木工やシイタケ栽培に使われ、コウゾ、ミツマタは阿波和紙になります。吉野川や那賀川の上流にはスギ、ヒノキの人工林も豊富です。これらは材木や家具、パルプなどに使われますが、輸入材におされています。

県土の 8%が耕地で、5%あまりは水田です。3%ほどの畑ではサツマイモ、ニンジン、ホウレンソウ、ダイコンなどの野菜、ミカン、スダチ、ナシ、ユズなどの果実、ランなどの花がつくられています。山地では阿波牛や阿波尾鶏などの畜産もさかんで、神戸淡路鳴門自動車道の開通後は関西への出荷が増えています。

徳島県は、昔から山地でも育つ藍（タデ科の草）の生産がさかんでした。ほとんど人工染料になった今でも阿波しじら織りの藍染めなどに使われ、わずかにつくられています。

この伝統から徳島市などには繊維工業があり、縫製も行われています。徳島県で最も大きな産業は医薬品や染料などの化学工業で、食品やタバコ、電機、一般機械、紙パルプ工業と続きます（2004 年）。神戸淡路鳴門・徳島自動車道が開通してからは、鳴門や阿南などでも電機・電子産業が発展しています。

水産では鳴門海峡のワカメが有名で養殖もされ、カキも養殖されています。吉野川の河口にはシラサギが集まる湿地があり、ノリの養殖がされています。鳴門から蒲生田岬まではアワビ、タイ、エビなど主に沿岸漁業ですが、南部の港では沖合や遠洋でイワシ、アジ、マグロ、サバ、タチウオなどをとっています。

徳島名物の阿波踊りや人形浄瑠璃は各所で行われています。南部の海岸にはウミガメの産卵地やサーフィンのメッカがある一方、山地には祖谷の深い渓谷、平家の落人部落、四国遍路道などが残っています。こうした人と人、海と山と川、今と昔の交流こそ徳島県の魅力です。

香川県

香川県は讃岐山脈の北にある地域と備讃諸島（小豆島、豊島、直島諸島、塩飽諸島など）から成っています。讃岐山脈から流れ出す多くの川が讃岐平野などを流れ、ところどころに飯野山や琴平山などの山地を残しています。高地でも雨は多くなく、平野や島ではよく晴天になります。大きな川がないこともあって、昔からたくさんのため池がつくられました。
今は吉野川の水を引く香川用水ができており、水の心配はなくなりました。林野は県土の半分もなく、18％の耕地の8割が水田です（2003年）。米の裏作にレタス、ニンニク、タマネギ、ブロッコリーなどがつくられますが、米余りで野菜畑になってしまったところもあります。そのほか、ビワ、ハッサク、モモ、ネーブル、イヨカン、スモモ、ブドウ、茶などの栽培も行われています。小豆島はオリーブやキクで有名ですが、タマゴや生乳も大事な収入源になっています。
瀬戸内海に面した漁港ではタイなどがとれなくなり、イワシ、イカナゴ、シラスなどを、にぼし、つくだに、飼料などに加工しています。東部の湾内ではノリ、ハマチ（ブリ）、カキ、タイなどの養殖が特にさかんで、県の漁獲量の6割以上が養殖によるものです。
讃岐うどんは香川名物ですが、東かがわ市の手ぶくろ、小豆島のしょうゆ、つくだに、そうめん、高松などの香川漆器や盆栽、高松市庵治町の石材、丸亀のうちわなども有名です。
工業は食品や紡績が中心でしたが、坂出から三豊にかけての埋立地に石油、化学、アルミ、造船、電機などの工業地帯がつくられました。瀬戸中央・四国横断自動車道の開通で、観音寺周辺にも工場ができています。直島には昔から銅などの精錬所があり、高松にも機械などの工場があります。豊島は不法にすてられた産業廃棄物のあとしまつに苦しんでいます。
おだやかな海に無数の島が散る瀬戸内海の景色は世界にない美しいもので、島そのものや島の植物が天然記念物になっているところもあります。源氏と平家の古戦場・屋島、小豆島にある大阪城石切り場のあと、古来から水軍や海賊で有名な塩飽諸島など、歴史を感じさせるところもたくさんあります。塩飽の水夫が信仰した金刀比羅宮、江戸時代から続く歌舞伎小屋・金丸座、善通寺、高松城、丸亀城、大名の庭園だった栗林公園なども昔のすがたをよく伝えています。

データとトピックス

面積　1862平方キロメートル（2003年）（最下位）
高い山　竜王山（1060メートル）
長い川　綾川（38.2キロメートル）
大きな島　小豆島（153.3平方キロメートル）
人口　102.0万人（2003年）（40位）
人口密度　1平方キロメートルあたり548人（2003年）（11位）
大きな都市　高松市（42.6万人）（2006年）
食料自給率　40％（2003年）（29位）
外材依存率1位　97.9％（2002年）
ため池の数（対県土）**1位**　約1万4600か所
農業用機械所有数1位　100戸あたり155.5台（2000年）
精麦出荷量1位　27.8％（2003年）
うちわ生産量1位　約80％（2003年）
衣服用ニット編手袋出荷額1位　88.7％（2003年）
金の精錬量1位（直島）　約60％（2002年）
日本一大きな古代のため池　満濃池の約3200ヘクタール
日本一大きな獅子頭（高松）　香南町にある高さ1.45メートル、幅2.4メートル、全長21.7メートル
日本一古い芝居小屋（琴平町）　金丸座は1835年にできた

愛媛県

愛媛県は山地が７割をしめ、海山でへだてられています。国領川が流れる新居浜平野、蒼社川が流れる今治平野、重信川が流れる松山平野などがありますが、大きな平野はありません。山間の盆地などでは木材が生産され、シイタケなどもつくられています。

山地は雨雪が多く、平野部に向かうとともに少なくなります。瀬戸内海側の平野や島の春夏は霧が出ることが多く、朝夕は風がやんでとても暑くなります。サンゴがいる宇和海の沿岸は温暖で、冬も霜がおりません。

わかるかな

「おもしろいなあ。ちょっとむずかしいところもあるけど、坊ちゃん列車に乗ってから読むと、もっとおもしろい」

「この小説を書いた人、だれだか知ってる？東京都のところに顔があるけど」

山地が宇和海にせまるリアス式の湾内では、真珠やハマチの養殖がさかんです。八幡浜や深浦（愛南町）などでは、沿岸や遠洋でイワシ、カツオ、サバ、ブリなどをとります。その山すそは、ミカンなど日本一のかんきつ類の産地です。さらに山間では、クリ、ブタ、肉牛なども育てられています。カルスト台地の大野ヶ原では、酪農がさかんです。

瀬戸内海での漁はイワシなどが主になり、タイ、ヒラメ、フグ、アジなどの養殖や放流が行われています。瀬戸内海側には水田も多いのですが、野菜、麦、イヨカン、キウイフルーツ、ビワなどもつくられています。

東部などの山間では昔から和紙の生産がさかんでした。大洲半紙や奉書紙は今もつくられ、水引細工も元気です。この伝統から四国中央には紙パルプ工業が集中しています。木綿生産の伝統は松山の伊予絣に残り、今治にタオル産業を育てました。松山の砥部焼、今治の瓦もあり、果物のかんづめ生産もさかんです。別子銅山は閉山しましたが、新居浜に重化学工業を育てました。名水で知られる西条では電機や飲料の生産がさかんです。今治では造船のほか、菊間町に石油備蓄基地がつくられ石油工業が発展しています。佐田岬半島の伊方町には原子力発電所もあります。

島じまをつないで尾道から今治に入る西瀬戸自動車道は、松山空港とともに観光にも役立っています。瀬戸内海と宇和海に点在する200あまりの島、九州が見える佐田岬、日本最古といわれる道後温泉などの宿、広見川（四万十川上流）や肱川などの清流、大野ヶ原の牧場やカルスト、西日本一高い石鎚山やその渓谷群、松山城下町などの景観を求めて、多くの人が愛媛県をおとずれます。

データとトピックス

面積　5677平方キロ㍍（2003年）（26位）
高い山　石鎚山（1982㍍）
長い川　肱川（103キロ㍍）
人口　148.3万人（2003年）（27位）
人口密度　1平方キロ㍍あたり261人（2003年）（27位）
大きな都市　松山市（51.5万人）（2006年）
食料自給率　41%（2003年）（28位）
ミカン生産量1位　61.3%（2001年）
イヨカン生産量1位　83.3%（2001年）
キウイ生産量1位　25.1%（2001年）
養殖マダイ生産量1位　46.9%（2003年）
養殖魚類生産量1位　28.0%（2003年）
けずり節生産量1位　21.5%（2000年）
タオル地出荷額1位　54.7%（2003年）
障子紙・書道用紙出荷額1位　27.8%（2003年）
祝儀用品出荷額1位　38.9%（2003年）
日本一小さな馬　今治市の野間馬ハイランドにいる野間馬は体高1㍍ほど

高知県

高知県は四国山地（剣山地はその一部）に囲まれ、太平洋に面しています。それだけに昔から海の道が開け、坂本龍馬などの先進的な人材を生みました。四万十川が中村平野、仁淀川や物部川などが高知平野、安芸川などが安芸平野をつくっていますが、低地はわずかです。

台風銀座ともいわれ、県の８割以上をしめる山地はとても雨が多く、冬の高山では雪もふります。サンゴもいる土佐湾の沿岸は冬も温暖で晴天が多く、黒潮あらう岬には亜熱帯植物も見られます。

平野などに水田も多いのですが、ナス、ミョウガ、キュウリ、ピーマンなどの栽培がさかんで、野菜の産出額は米の４倍もあります。ブンタン、ミカン、ユズなども高知ブランドで出荷されています。

美林として有名な魚梁瀬のスギ、白髪山一帯のヒノキは昔から使われ、最高級木材として今も健在です。自然林のナラやブナなどは炭やシイタケ栽培の原木になり、炭は焼きものなどにも使われています。ミツマタやコウゾは、日本有数の生産量をほこる和紙の原料になります。

室戸、高知、土佐、須崎、土佐清水、宿毛などではカツオ・マグロ漁がさかんで、一部はかつお節などに加工されます。これらの漁は遠洋におよびますが、沿岸や近海ではキンメダイ、アジ、サバ、イワシ、シラスなどもとれます。養殖もさかんで、須崎や宿毛などの湾ではハマチ、タイ、真珠などが、四万十などの川ではウナギ、アユ、青ノリなどが育てられ、漁獲高の３分の１をしめています。

工業はさかんとはいえませんが、四国山地の豊富な石灰石でセメントなどが生産されるほか、電機、機械、紙パルプなど主な工場は高知平野や高知空港の周辺にあります。食品加工や飲料も重要な産業で、室戸海洋深層水が多くのものに用いられ、新たな特産品になっています。

四万十川などの清流、中津や安居などの渓谷、梶ヶ森や魚梁瀬などの森林、足摺半島や室戸岬などの雄大にして優美な景色、群れなすクジラ、四国カルストの奇観など、すばらしい自然がたくさん残っており、高知県はそれらを大切にしながら、未来を見つめようとしています。

データとトピックス

面積　7105平方キロメートル（2003年）（14位）
高い山　三嶺（1893メートル）
長い川　四万十川（196キロメートル）
人口　80.7万人（2003年）（45位）
人口密度　1平方キロメートルあたり114人（2003年）（43位）
大きな都市　高知市（32.8万人）（2006年）
食料自給率　48%（2003年）（23位）
森林面積の割合1位　83.3%（2003年）
最大風速1位　室戸岬の毎秒69.8メートル（1965年9月10日）
1時間降水量1位　足摺岬の150.0ミリメートル（1944年10月17日）
ソウダカツオ生産量1位　42.9%（2003年）
ナス生産量1位　10.3%（2002年）
ミョウガ産出額1位　58.6%（2000年）
シシトウ出荷量1位　49.2%（2001年）
根ショウガ産出額1位　28.1%（2000年）
ブンタン生産額1位　68%（2003年）
ユズ生産量1位　46.4%（2001年）
人口10万人あたりの病床数1位　2457床（2003年）

福岡県

福岡県の南西部は背振山地と筑後川で区切られ、筑後川や矢部川などがつくる筑紫平野を佐賀県と分け合っています。南部は筑肥山地、東部は英彦山、釈迦ヶ岳などの山やまで区切られ、ここが背振山地とともに最も雨の多いところです。遠賀川は筑紫山地を割って直方平野をつくっており、福岡平野には多くの中小河川が流れています。日本海側も対馬暖流のため温暖で、平野に雪や霜が見られることはまれです。

林野は県土の46%ほどで林業はふるいませんが、日本一のタケノコ産地です。耕地は18.4%で、その8割近くが水田です(2003年)。農業の中心は筑紫平野で、イチゴなどの果実、花、八女茶、野菜、植木の生産もさかんです。北九州など大都市周辺はトマトなどの野菜が中心で、遠賀川の中流域に広がる筑豊地方では畜産や果樹栽培が多くなっています。福岡平野ではイチゴ、花などの栽培がさかんです。

玄界灘は好漁場で、サバ、アジ、イワシ、タイなどのほかフグがとれます。有明海ではノリ養殖が、瀬戸内海ではカキなどの養殖がさかんです。全体に漁獲量は減っていますが、伝統的に水産物が集まるので加工もさかんです。輸入タラコを加工した福岡市の「からしめんたいこ」は、その代表です。

かつて筑豊は日本一の石炭産地でしたが、現在でも日本有数の石灰石の産地です。これらが北九州に鉄鋼、石油、金属、化学、機械などの工業を育てました。そのほか苅田町に自動車やセメント、行橋に電機・電子や衛生陶器、朝倉にタイヤや飲料、大牟田に化学、久留米にゴムや織布、古賀に食品や製紙、大川に家具・木材などの工業があり、九州一の工業県です。福岡市は西南日本の中心地として、情報・サービス産業がさかんです。

志賀島出土の金印、朝廷が設けた大宰府、蒙古襲来に備えた博多の防塁などの遺跡は、ここが昔から大陸への窓であったことを表しています。福岡空港からは札幌よりもソウルや上海が近く、県は貿易だけでなく人の交流面でも大陸との関係を強めようとしています。

データとトピックス

面積　4842平方キロメートル(2003年)(29位)
高い山　釈迦ヶ岳(1230メートル)
長い川　遠賀川(61キロメートル)
人口　505.1万人(2003年)(9位)
人口密度　1平方キロメートルあたり1043人(2003年)(7位)
大きな都市　福岡市(141.1万人)(2006年)
食料自給率　22%(2003年)(37位)
タケノコ生産量1位　27.1%(2000年)
富有ガキ・次郎ガキ栽培面積1位　15.4%(2002年)
玉露生産量1位　45.9%(2002年)
種苗・苗木作付面積1位　10.4%(2002年)
たんす出荷額1位　25.0%(2003年)
木製棚・戸棚出荷額1位　18.5%(2003年)
漂白剤出荷額1位　39.1%(1999年)
ゴム底布靴出荷額1位　45.7%(2003年)
工業窯炉出荷額1位　44.3%(2003年)
日本一大きなしめ縄(福津)　宮地嶽神社の13.5メートル、重さ5トン
日本一大きな銅鏡(前原)　平原遺跡出土の直径46.5センチメートル

佐賀県

佐賀県は肥前半島のつけ根にあり、背振山地、筑後川、南西部の山やまで他県と区切られています。玄界灘側にはリアス式海岸や島があり、松浦川などが流れこみます。有明海側には広い干潟や干拓地があり、佐賀平野をつくる筑後川や嘉瀬川などが流れこみます。有明海には日本の干潟の６分の１があります。ムツゴロウをはじめ特有の生物が15種もいて、貝、エビ、カニ、魚などの「ゆりかご」になっています。漁業の中心は、この干潟でのノリ養殖です。玄界灘ではイワシ、イカ、ヒラメなどがとれ、波静かなリアス式の湾内ではタイ、ブリ、真珠、エビなどの養殖がさかんです。多くのため池や筑後川などでは、スッポンやウナギなどの養殖も行われています。

背振山地や経ヶ岳などには雨が多いのですが、冬の有明海側は晴天が続きます。全体に温暖ですが、日本海側では雪がふることもあります。県土の45%が森林で、天然林はクスなどの照葉樹です。スギなどの人工林が７割近くありますが、林業は低調です。耕地は県土の４分の１近くもあり、８割が水田です。タマネギなどの野菜、ミカンやイチゴなどの果実、牛肉などの畜産物、大麦、大豆、嬉野茶などもつくられています。

最もさかんな工業は焼きノリなどの食品加工です。有田焼、伊万里焼で有名な窯業もさかんで、伊万里や唐津などではタイルやセラミック製品も生産されています。伊万里には造船業や電機・電子工業もあります。昔から薬品業がある鳥栖にも電機・電子工業が進出し、シンクロトロン施設もつくられました。工業化のために、有明佐賀空港、九州縦断・横断自動車道、玄海原子力発電所もつくられています。

工業化はおくれていても、虹の松原、背振山地の滝や湿原、武雄や嬉野などの秘湯、日本最大級の弥生遺跡・吉野ヶ里、唐津くんちなどの祭、佐賀の城下町、ほし柿や棚田の美しい村など、佐賀県には「なつかしい日本」がたくさん残っています。

データとトピックス

面積　2439平方キロ㍍（2003年）（42位）
高い山　経ヶ岳（1076㍍）
長い川　筑後川（143キロ㍍）
人口　87.2万人（2003年）（42位）
人口密度　1平方キロ㍍あたり357人（2003年）（17位）
大きな都市　佐賀市（20.4万人）（2006年）
食料自給率　94%（2003年）（5位）
人工林率1位　66.4%（2002年）
ノリ収穫量1位　13.5%（2003年）
ハウスミカン（早生温州）収穫量1位　21.8%（2004年）
1戸あたりの肉牛飼育頭数1位　114頭（2002年）
シリコンウエハ（表面研磨）出荷額1位　20.24%（2003年）
1人1日あたりのゴミ排出量最下位　877gで最少（2003年）
10万人あたりの薬局数1位　57.0か所（2001年）
日本一干満の差がある海　有明海の約6㍍

わかるかな

「うひー、どろんこって気持ちいいなあ。干潟にはたくさんの生き物がいて水をきれいにしているっていうけど、ほんと、ちっともくさくない」「ガタスキーもおもしろいけど、ムツゴロウやカニなんかとにらめっこしてると、楽しくってサイコー」

長崎県

データとトピックス

面積　4094 平方キロメートル（2003 年）（36 位）
高い山　雲仙の平成新山（1486 メートル）
長い川　佐々川（21.9 キロメートル）
大きな島　対馬（696.1 平方キロメートル）
人口　150.1 万人（2003 年）（26 位）
人口密度　1 平方キロメートルあたり 367 人（2003 年）（16 位）
大きな都市　長崎市（45.2 万人）（2006 年）
食料自給率　43%（2003 年）（25 位）
海岸線の長さ 1 位　4137 メートル
島数・有人離島数 1 位　594 島・74 島（2003 年）
ビワ収穫量 1 位　33.0%（2005 年）
秋植えジャガイモ収穫量 1 位　36.3%（2003 年）
指定漁港数 1 位　286 港（2001 年）
サバ漁獲量 1 位　20.4%（2003 年）
マアジ漁獲量 1 位　24.4%（2003 年）
イサキ漁獲量 1 位　32.6%（2003 年）
タイ漁獲量 1 位　13.3%（2003 年）
サザエ漁獲量 1 位　21.3%（2003 年）
ヒジキ漁獲量 1 位　28.0%（2003 年）
養殖真珠生産額 1 位　36.2%（2003 年）
イワシにぼし生産量 1 位　26.2%（2003 年）
日本一古い木造の洋館　1863 年にできたグラバー邸

長崎県は肥前半島西部と対馬、壱岐、平戸島、五島列島など多くの島から成っています。山地が海に落ちこむリアス式海岸が多く、ほとんど平野がありません。対馬暖流が近くを流れるため全体に温暖で、雲仙岳や佐賀県境の山地では特に雨がよくふります。冬には対馬や南部の山地で雪がちらつくこともあります。

森林が県土の 6 割をしめ、その半分がヒノキなどの人工林です。対馬では特に林業がさかんで、ナラ、クヌギなどの自然林は紙やチップの原料、シイタケ栽培などに使われ、五島列島ではツバキ油が生産されています。

耕地は 12%ほどで半分近くが水田ですが、壱岐のほかは主に棚田です（2003 年）。機械が使える広い農地をつくろうと諫早湾の干拓が進められましたが、漁民は有明海の生態をこわしノリ養殖に影響するとして反対運動を続けています。

畑も多くが段だん畑で、大村湾沿いのミカンやイチゴ、島原半島の秋植えジャガイモやタマネギ、長崎半島の茂木ビワ、福江島の茶やタバコなどがあります。平戸島、壱岐、五島列島、島原半島では肉牛の肥育も行われています。

漁業はさかんで、日本一の水産県です。長崎、佐世保、松浦などから近海、黄海、東シナ海まで出かけ、サバ、アジ、イワシ、ブリ、カツオ、マグロ、フグ、サワラなどをとり、底引網でハモなどもとります。中小の港では沿岸でタイ、サザエ、アワビ、ヒジキなどをとるほか、日本海にイカつりなどにも行きます。入り組んだ湾内でのフグ、真珠、タイなどの養殖もさかんです。

長崎や佐世保は軍港だったので、第二次大戦ではすさまじい攻撃を受けました。戦後、造船業で復興しましたが、今は電機・電子、機械、食品加工業がさかんで、輸出もされています。西海にも造船所があり、諫早には電機・電子などの工場があります。輸入は石油などが多く、五島に洋上石油備蓄基地、松浦に LPG 備蓄基地や火力発電所などができています。

長崎県には多島海に橋がかかる夢のような景色だけでなく、波佐見焼、三川内焼、しっぽく、ちゃんぽん、ペーロン、くんちなど外来文化の影響を受けたものがたくさんあります。各地に残るキリシタンのかおり、江戸時代に 1 か所だけ貿易が許されていた出島、長崎の原爆被爆地に立つ平和祈念像なども、日本と世界の関係を考えさせてくれます。

熊本県

熊本県は北に筑肥山地、東に阿蘇や九州山地の連山、南に国見山地があり、宇土半島の先には天草諸島があります。県土の４分の３は山地で、東南部の高山には梅雨時などに大雨がふります。周囲の山から流れ出す水を集め、菊池川が菊池平野を、白川と緑川などが熊本平野を、球磨川などが八代平野をつくっています。西に島原半島や天草諸島があるため、これらの平野は盆地のように気温差が大きく、夏はとても暑く冬には霜がふります。県土の65％が森林で、天然林はクス、カシ、ブナなどの広葉樹ですが、６割はヒノキやスギの人工林です。林業がさかんでしたが、輸入木材におされてクリやキノコの栽培が増えています。

耕地は17％ほどで、その６％は山地の牧草地です（2003年）。水田は耕地の６割で、その裏作や畑でスイカ、かんきつ類、トマト、イチゴ、ナス、メロン、イグサ（八代）、タバコ（球磨川流域）などがつくられています。

漁業は、主に天草の牛深港でイワシ、アジ、マグロ、イカなどが水あげされます。島原湾や八代海では、ノリ、タイ、クルマエビ、アサリ、フグなどの養殖がさかんです。

工業は荒尾、熊本、八代、水俣が中心でしたが、荒尾の炭鉱は閉山し、水俣では水銀をふくむ工場排水によって悲惨な水俣病が起きました。以後、北部に電機・電子、自動車部品、アルミ、食品、薬品などの工場進出がうながされ、九州縦貫道や熊本空港の整備によってその周辺にも工場が進出しています。天草には火力発電所とボートなどの工場があります。熊本市ではサービス、情報、食品産業がさかんで、肥後象嵌（金工品）、川尻刃物などの伝統も残っています。荒尾などに残る小代焼は日本を代表する焼きものの一つです。人吉盆地から球磨川の上流域にも伝統の家具、刃物、酒などがあり、多くの石橋を残した「肥後の石工」もこの人たちです。

景色は変化に富んでいて、雄大な草原と温泉の阿蘇、花づくりもさかんな農村、不知火が見える干潟の海、リアス式の多島海とキリシタンの天草、「五木の子守歌」のふるさと・深山と渓谷の五家荘、釣りやカヌーがさかんな球磨川の清流など、あきることがありません。

データとトピックス

面積　6909平方キロ㍍（2003年）（16位）
高い山　国見岳（1739㍍）
長い川　球磨川（115キロ㍍）
大きな島　天草下島（573.95平方キロ㍍）
人口　185.5万人（2003年）（23位）
人口密度　1平方キロ㍍あたり268人（2003年）（26位）
大きな都市　熊本市（66.3万人）（2006年）
食料自給率　62％（2003年）（17位）
トマト生産量１位　11.3％（2003年）
イグサ生産量１位　89.5％（2002年）
デコポン生産量１位　43.2％（2001年）
甘夏ミカン生産量１位　25.1％（2003年）
スイカ生産量１位　15.5％（2003年）
メロン生産量１位　15.2％（2003年）
環境省選定名水の数１位　白川、池山、轟、菊池の４か所
江戸時代につくられた石橋の数１位　217か所
装飾古墳の数１位　193か所
世界一大きなカルデラ（火口原）　阿蘇カルデラの面積は約350平方キロ㍍
日本一大きなアーチ橋　八代の北、美里町にある霊台橋の長さ116㍍、高さ19㍍

大分県

データとトピックス

面積　6338平方キロメートル（22位）
高い山　くじゅう連山中岳（1791メートル）
長い川　大野川（107キロメートル）
人口　121.8万人（2003年）（34位）
人口密度　1平方キロメートルあたり210人（2003年）（32位）
大きな都市　大分市（46.6万人）（2006年）
食料自給率　55%（2003年）（19位）
温泉湧出量1位　10.4%（2001年）
石灰石生産量1位　17.3%（2001年）
カボス生産量1位　99.1%（2001年）
竹材（マダケ）生産量1位　43.5%（2001年）
乾シイタケ生産量1位　28.7%（2001年）
天然クルマエビ漁獲量1位　25.6%（2001年）
養殖ヒラメ生産量1位　28.3%（2001年）
日本一サフランをつくる市　竹田の約80%（2001年）
日本一のしめ縄　二見ヶ浦の長さ65メートル、直径75センチメートル
日本一石橋の多い町　宇佐市院内町の74基

大分県は、筑紫山地、釈迦岳、くじゅう連山、九州山地に囲まれ、瀬戸内海との関係が深い県です。大部分が山地で、中央部にある20以上の火山には、多くの温泉や地熱発電所などがあります。

高山は雨が多く、気温は低めです。ここから流れ出す山国川などが中津平野を、大分川と大野川などが大分平野をつくっています。名水で知られる日田盆地は筑後川上流にあります。北部は海岸がゆるやかで干潟も多く、雨が少なくて温暖です。南部はリアス式海岸になっていて、高温多雨で亜熱帯植物も見られます。

北部の海岸ではノリ養殖のほか、カニ、エビ、貝などをとり、別府湾の城下カレイは有名です。南部の沿岸ではアジ、サバ、貝などをとり、遠洋でマグロもとります。リアス式の湾内ではブリ、タイ、ヒラメ、フグなどの養殖がさかんです。

県土の7割が森林で、日田ではスギなどがつくられています。九州山地にはモミ、ツガ、マツ、タケなどが多く、シイタケ、竹材、竹細工などがつくられています。石灰石も豊富で、津久見や佐伯ではセメントが生産されています。

県土1割の農地は7割近くが水田で、棚田もたくさんあります。主に台地や山間地では、一村一品運動によって伝統食品のほか、さまざまな野菜、果物、穀物、茶、肉牛、花などがつくられています。

県は農林漁業と工業をともに発展させる方針で、大分平野に臨海工業地帯をつくり、火力発電、電機・電子、化学、石油、鉄鋼、非鉄金属、機械、精密機器、繊維、製紙などの工場ができました。国東半島の大分空港も整備され、半島の沿岸にも電機・電子などの工場が広がっています。そのほか中津や宇佐に自動車部品、衛生陶器、電機・電子、製紙、日田に飲料や食品、家具、臼杵や佐伯に造船などの工場があります。

県には、ウミネコの高島、磨崖仏の杵築や臼杵、渓谷と奇岩の耶馬渓、サルの高崎山、火山と高原のくじゅう、「荒城の月」の岡城（竹田）、風連などの鍾乳洞、鉱物の宝庫である祖母山、南海のサンゴ礁などさまざまな表情がありますが、温泉町・別府と湯布院の人気は絶大です。

宮崎県

宮崎県の北部は九州山地と多くの川がつくる渓谷や小平野から成ります。南部は霧島山と大淀川などがつくる盆地や宮崎平野、鰐塚山地から成ります。全体に温暖で雨が多く、梅雨から台風時にかけては霧島山地や鰐塚山地で豪雨がふります。冬の低地は晴天が続きますが、高地では雪が積もることもあります。

県土の９割近くが森林です。その６割はスギなどの人工林で、木材生産がさかんです。これが日南に紙パルプ工業を育てました。自然林は照葉樹で、宮崎市の北西にある綾町周辺には広大な原始林があります。

耕地は県土の１割で、半分あまりが水田です。温暖な平野部では稲作は夏までに終え、裏作にピーマン、キュウリ、ダイコンなどがつくられます。主に盆地や台地ではサトイモ、サツマイモ、茶、タバコなどのほか、ウシ・ニワトリ・ブタ肉の生産と酪農がさかんで、主な農産物になっています。都城には、これらを使った食品、茶、酒などの工場があるほか、タイヤや家具などの工場もあります。

果実はかんきつ類が中心ですが、マンゴー、メロンなど気温の高さを生かしたものが増えています。花や球根の栽培もさかんで、スイートピー、ランなどは日本有数の産地です。

漁業は延岡と日南が中心です。延岡では沿岸や近海でイワシ、アジ、サバなどがとられ、日南は遠洋でのカツオ・マグロ漁が中心です。川などではアユやヤマメ、ウナギなどの養殖も行われています。

延岡は企業城下町で、繊維、薬品、電子部品などが生産されています。宮崎市は商業、サービス業、情報産業、食品加工業が主ですが、周囲には電機・電子などの工場が進出しています。

南国・宮崎の魅力は山と海の豊かな自然です。高千穂峡など多くの渓谷と滝、温泉・紅葉・樹氷のえびの高原や霧島山、亜熱帯植物が生いしげる青島、サルで有名な幸島、都井岬の野生馬とソテツ、ウミガメが産卵する砂浜など、あげれば切りがないほどです。

データとトピックス

- 面積　6685 平方キロ㍍（2003 年）（19 位）
- 高い山　祖母山（1756 ㍍）
- 長い川　大淀川（107 キロ㍍）
- 人口　116.4 万人（2003 年）（37 位）
- 人口密度　１平方キロ㍍あたり 174 人（2003 年）（39 位）
- 大きな都市　宮崎市（36.7 万人）（2006 年）
- 食料自給率　62%（2003 年）（18 位）
- 年間降水量記録　えびの高原の 8403 ミリ㍍以上（1993 年）
- スギ丸太生産量１位　13.0%（2001 年）
- ピーマン生産量１位　20.2%（2001 年）
- キンカン生産額１位　73%（2002 年）
- スイートピー生産量１位　53.3%（2001 年）
- 葉タバコ生産量１位　11.7%（2000 年）
- 太陽熱温水器普及率１位　41.1%（1999 年）
- しょうちゅう消費額１位　１世帯１か月 1142 円（2001 年）
- 日本一大きな照葉樹林　綾町などの 3002 ヘクタール
- 日本一大きなカンムリウミスズメの繁殖地　ビロウ島
- 日本一高いつり橋（綾町）　照葉大つり橋は水面からの高さ 142 ㍍

鹿児島県

鹿児島県は、国見・霧島・鰐塚と続く山地でへだてられ、天草諸島の一部と甑島列島、薩南諸島（大隅諸島、トカラ列島、奄美諸島）から成っています。大隅半島から薩南諸島にかけては時に亜熱帯のような豪雨がふります。西部の島や平野は雨が少なめですが、雪がふることもあります。森林が県土の64％をしめ、その半分が人工林です。特に広葉樹の紙パルプ原料、タケノコ、シイタケ、竹材の生産がさかんです。屋久島では天然のスギ製品が特産になっています。県本土の半分はシラスとよばれる火山噴出物でできた台地で、水田にはなりません。耕地（県土の14％）の3分の2は畑で、茶、イモ、タバコ、ダイコンなどの野菜、サトウキビ（薩南諸島）などがつくられ、キクやユリなどの球根栽培もさかんです。農業の主役は台地や丘陵を利用した畜産です。食肉の生産は日本一で、タマゴの生産もさかんです。

水産業は、遠洋でのマグロ漁（いちき串木野）、カツオ漁（枕崎、指宿）が中心です。沿海や近海ではトビウオ、アジ、イワシ、イカなどがとられ、一部はかつお節、さつまあげ、かまぼこなどに加工されます。鹿児島湾でのハマチなどの養殖、川や池でのウナギなどの養殖もさかんです。

工業生産額も食品、飲料、飼料などで半分近くになります。近年はタバコの町・霧島、紙の町・薩摩川内、ツルの町・出水に電機・電子工業が進出しています。本州の南端にあるため、いちき串木野と志布志に石油備蓄基地が建設され、鹿児島市にある原油中継基地は日本最大です。薩摩川内には原子力・火力発電所があり、霧島山地では地熱発電も行われています。内之浦と種子島は宇宙開発の前線基地として有名です。

工業化は進んでいますが、ウミガメの来る吹上浜、東洋のナイアガラ・曽木の滝、イッシー伝説がある池田湖、希少動植物の宝庫・奄美諸島、世界遺産「屋久島」、干潟の志布志湾、砂むしぶろの指宿、霧島山地の温泉群、青い海とサンゴ礁の離島など、いつまでも残ってほしいものです。

データとトピックス

面積　9133平方キロメートル（2003年）（9位）
高い山　屋久島の宮之浦岳（1935メートル）
長い川　川内川（137キロメートル）
大きな島　奄美大島（712平方キロメートル）
人口　177.5万人（2003年）（24位）
人口密度　1平方キロメートルあたり194人（2003年）（36位）
大きな都市　鹿児島市（60.4万人）（2006年）
食料自給率　80％（2003年）（8位）
有人離島面積1位　32.8％（2002年）
サツマイモ生産量1位　36.2％（2003年）
タンカン生産額1位　88％（2002年）
ブタの頭数1位　13.6％（2003年）
採卵鶏の頭数1位　6.3％（2003年）
ブロイラーの頭数1位　16.9％（2003年）
トビウオ漁獲量1位　25.9％（2003年）
養殖ウナギ生産量1位　33.9％（2003年）
内水面養殖生産量1位　17.0％（2002年）
かつお節生産量1位　65.2％（2002年）
日本一の金鉱　菱刈町菱刈鉱山の金産出量は全国の98％（2003年）
日本一雨の日が多い市　奄美市は1ミリメートル以上の雨が年平均165日
日本一大きなスズ　出水市の箱崎八幡神社にある高さ4メートル、直径3.4メートル
日本一大きなスギ　屋久島にある縄文スギは胸の高さで周囲16メートル

沖縄県

沖縄県は日本でただ一つ南十字星が見える県で、琉球諸島（沖縄諸島、宮古列島、八重山列島）や大東諸島などから成ります。主に亜熱帯にあるので５月から梅雨になり、10月までの夏は晴天が多く台風がよくきます。じきにくもりがちの冬になり、春秋がはっきりしません。雪や霜は見られず雨が多いのですが、すぐ海に流れこんでしまうので、水源の確保に力が注がれています。

古くは独立した琉球王朝がありましたが、江戸時代に薩摩藩の支配を受けた後、明治政府によって沖縄県とされました。第二次大戦で約20万人が死んだ後、占領軍の基地ができ、日本国が独立した後もアメリカに支配されました。1972年に日本に返還されましたが、今も県土の１割以上がアメリカ軍の基地です。

人口の９割が住む沖縄島では、基地関係の仕事が重要な収入源になっています。そのためサービス業、商業など、第三次産業の収入が全体の７割近くもあります。

国頭山地など県土の45％が林野ですが、大部分が自然林です。18％の耕地のほとんどは畑で、サトウキビ、サヤインゲン、ゴーヤ、スイカ、オクラなどの野菜、ランなどの花、ブタや肉牛などが生産されています。漁業は、那覇や糸満の遠洋マグロ漁、モズクやクルマエビ養殖のほかは地元で消費するくらいです。

アメリカ軍基地に加えて石油備蓄基地があり、工業生産の３割近くは石油関連産業で、食品、飲料と続きます（2003年）。物をつくって売る産業は国内向けでも輸送費が高くついて不利なので、観光業や情報産業に力が注がれています。

琉球絣、首里織、紅型、壷屋焼、琉球漆器、久米島紬、宮古・八重山上布、芭蕉布などの工芸は、舞踊や音楽とともに独自の文化を今に伝えています。色あざやかなサンゴと魚、沖縄特有の動植物、世界遺産「琉球王朝の遺跡」、与那国島の海底神殿、シーサーが乗る赤い屋根の民家など、ふしぎな魅力にひかれてアジアからの観光客も増えています。

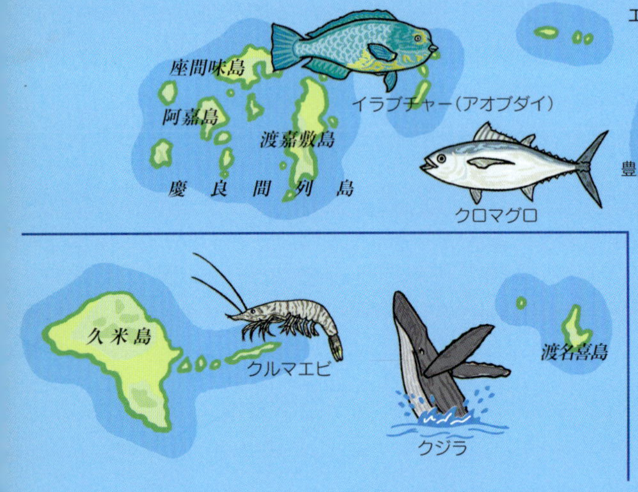

データとトピックス

面積　2272平方キロメートル（2003年）（44位）
高い山　石垣島の於茂登岳（526メートル）
人口　134.9万人（2003年）（32位）
人口密度　1平方キロメートルあたり593人（2003年）（9位）
大きな都市　那覇市（31.6万人）（2006年）
食料自給率　33％（2003年）（32位）
最大瞬間風速１位（宮古島）　毎秒85.3メートル（1966年9月5日）
サトウキビ生産量１位　61％（2002年）
パイナップル生産量１位　100％（2002年）
マンゴー生産額１位　58％（2002年）
モズク生産量１位　99.5％（2002年）
女性の平均余命１位　85.08年（2001年）
平均年齢最下位　35.7歳（2001年）
離婚率１位　1000人あたり2.64件（2001年）

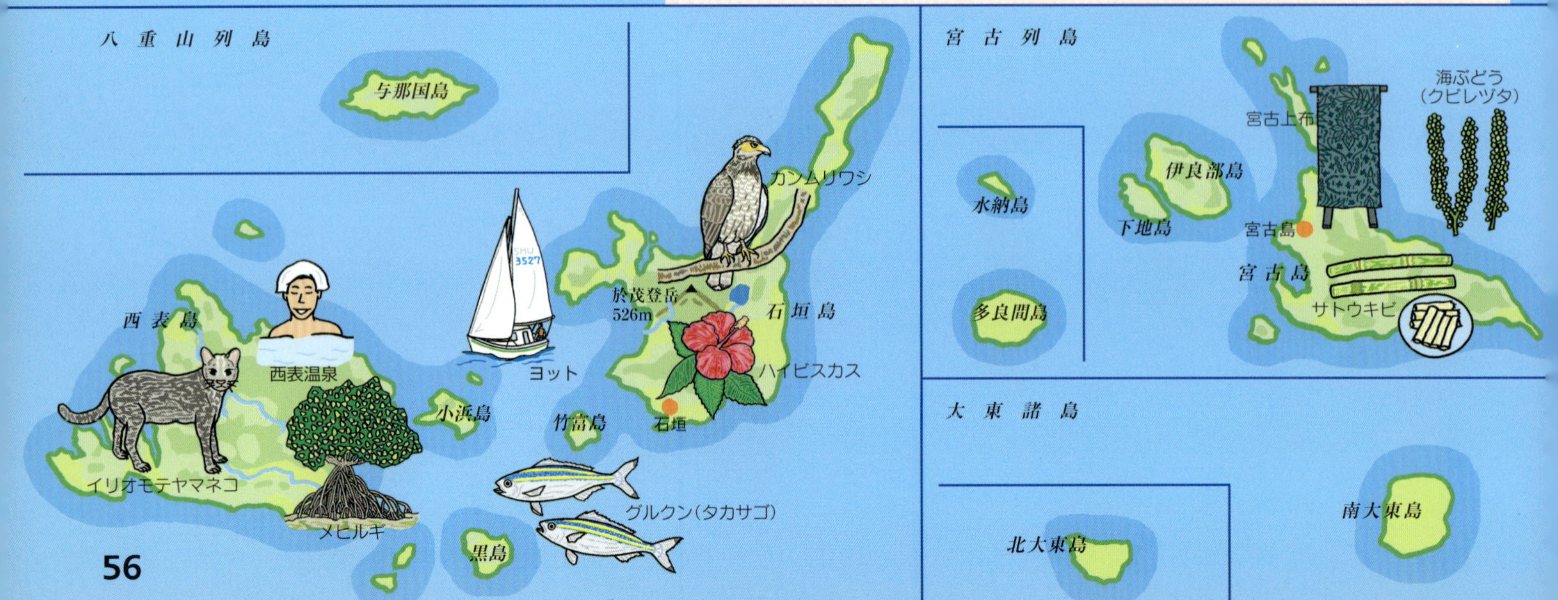